DIREITOS ESSENCIAIS DOS ACIONISTAS

*Interpretação Sistemática da
Proteção aos Minoritários*

M958d   Müller, Sergio José Dulac
      Direitos essenciais dos acionistas: interpretação sistemática da proteção aos minoritários / Sergio José Dulac Müller. – Porto Alegre: Livraria do Advogado, 2003.
      148p.; 14 x 21 cm.
      ISBN 85-7348-251-6

      1. Sociedade anônima. 2. Acionista minoritário. I. Título.

                          CDU – 347.725.031

      Índices para o catálogo sistemático:

    Sociedades anônima
    Acionista minoritário

(Bibliotecária responsável: Marta Roberto, CRB-10/652)

Sergio José Dulac Müller

DIREITOS ESSENCIAIS DOS ACIONISTAS

*Interpretação Sistemática da
Proteção aos Minoritários*

Porto Alegre 2003

© Sergio José Dulac Müller, 2003

Capa, projeto gráfico e diagramação
Livraria do Advogado Editora

Revisão
Rosane Marques Borba

Direitos desta edição reservados por
Livraria do Advogado Ltda.
Rua Riachuelo, 1338
90010-273 Porto Alegre RS
Fone/fax: 0800-51-7522
livraria@doadvogado.com.br
www.doadvogado.com.br

Impresso no Brasil / Printed in Brazil

"Quem pergunta por mim já há de saber do riso no fim de tanto sofrer que eu não desisti das minhas bandeiras"

Verde

Eduardo Gudin

Agradecimentos

(que, aliás, até haviam sido mantidos em sigilo igual ao dos Livros Contábeis):

- À Família, Armazém Geral de carinho e logística de amor;
- Aos Amigos, estoque de estímulos;
- Aos Professores, escambo de experiências;
- Aos Colegas de Estabelecimento, preferencialistas no Capital Afetivo;
- E, *Last But Not Least*, à Banca.

Primeiro, pela honra de apresentar este trabalho que não podia ser uma Tese e tem a consciente humildade de ser o que é: uma singela dissertação. Depois, pela felicidade de vê-la integrada pelo Professor Peter Walter Ashton, que na Faculdade de Direito da UFRGS, na Graduação, cedeu *Know How* de Direito Comercial; pela Professora Regina Linden Ruaro, com quem realizavam-se reengenharias de Teoria Política; e pelo seu Presidente, Prof. Dr. Juarez Freitas, responsável solidário na *Joint Venture* empreendida uma vez que aportou, na forma de instigantes observações, Capital Intelectual imprescindível. Com efeito, tal Banca como Valor Agregado, forma o Fundo de Comércio da Dissertação.

Prefácio

Trata-se de dissertação com a qual o autor obteve o título de Mestre em Direito e na qual buscou o mesmo examinar a questão dos Direitos dos Acionistas de Sociedade Anônima. Ao fazê-lo, tomou como pilares, de um lado, uma visão jurídica instrumentadora, a idéia de que, entre outros, o Direito é um Sistema, e sua interpretação é, com necessidade, sistêmica. Verdade que, na boa companhia de vários autores, tem-se que o Sistema Jurídico é aberto, com *in puts* e *out puts*, tanto que, naquilo que interessa à matéria tratada, não é deixada de lado observação de José Eduardo Faria sobre serem necessárias considerações de natureza econômica. Vale dizer, se o Direito regula a atividade econômica, ao fazê-lo, suas normas não podem agredir as próprias leis econômicas, porque se o fizerem tenderão à inobservância e ao desuso. Pelo que, na Interpretação Sistemática há espaço para o que foi designado como "variáveis econômicas", não desconsiderados outros elementos.

De outro lado, também como um arrimo para o que foi desenvolvido, considerou-se o Mercado como espaço onde a Economia se desenvolve, assumido que a idéia da Constituição é a de que a Iniciativa Privada e a Livre Concorrência são princípios basilares. Assim, nele atuam os agentes precípuos, sendo predominante o Empresário Coletivo, ou seja, a Sociedade Empresária. Contudo, a uma, a mesma carece de recursos e, a duas, o Mercado se divide, embora não se trate de compartimentos estanques. Pelo que, aqueles recursos são buscados no Mercado Financeiro, que lida com produtos como o crédito bancário e linhas de financiamento variadas, e seu corolário natural: a remuneração, quer-se dizer, os juros que não têm sido, presentemente, amenos, não faltando quem veja nos seus patamares um ponto de estrangulamento para que se desencadeie um processo de desenvolvimento. Claro, também não faltará quem aluda aos limites postos na Constituição Federal. Porém, o Supremo Tribunal Federal já decidiu que a norma constitucional não é *self executing*, e as discussões a tal respeito são meras teimosias. Mais, um texto constitucional não é o espaço para o estabelecimento de taxas de juro. Ou se buscam alternativas. Tem-se, então, o Mercado de Capitais, o espaço onde, nas Bolsas de Valores ou em Balcão, negociando-se os Valores Mobiliários, as Companhias Abertas, paradigmas por excelência do *player* da Economia de Mercado, se capitalizam, isto é, haurem os recursos, imaginando-se que tal processo, aí, seja menos oneroso.

Na implementação desta opção, onde a escolha é por sócios, e não por credores, há a necessidade de se criar um *mood* favorável.

Isto é representado pela forma como se estruturará a Companhia e pelo modo como serão tratados os que a ela se juntarem.

Três aspectos encaminham a justificação da empreitada, então.

Primus, não se carece de obras que, algumas mais, outras menos, inclusive aquelas destinadas aos primeiros estudos do tema em salas de aula, se tenham dedicado ao exame dos ditos Direitos dos Acionistas. Porém, elas mesmas que até enveredam pelo estudo comparativo com legislações de outros países, tiveram uma maior preocupação descritiva, fazendo algumas, às vezes, críticas pontuais; *secundus*, impunha-se, mesmo resumidamente, que se trouxessem algumas referências à base comum, a saber a legislação sobre outros tipos societários, regrados estes ou pelo velho Código Comercial, ou, agora, pelo Novo Código Civil, na verdade um Código de Direito Privado, ou por legislação outra, como o caso das Sociedades por Quotas de Responsabilidade Limitada, aliás também trazidas para o Novo Código Civil; *tertius*, era de dever que, no mínimo à guisa de sugestão, fossem apresentadas propostas de soluções integradoras.

O trabalho obedeceu a uma estrutura.

De começo, foi feita uma apresentação contextualizante onde se rascunhou um histórico e se descreveu um cenário. Aí, anteviu-se a figura dos acionistas, aludindo-se aos seus perfis, vinculados às motivações que os levariam a subscrever e adquirir ações, e aos seus deveres. Depois, disse-se dos chamados Direito Essenciais, como aqueles de participar dos lucros, de participar do acervo em caso de liquidação, de fiscalização, de preferência para a aquisição de novas ações e o de se retirar com reembolso nos casos previstos por lei, abrindo-se espaço para o estudo do Direito de Voto, suas limitações e sua mecânica, trazidas fórmulas para o cálculo do chamado Voto Múltiplo. Em seguimento, houve o estudo da situação da Minoria, avistada a mesma em relação ao funcionamento da Sociedade, seja com relação à Assembléia Geral, seja com referência à Administração, tanto relativamente aos órgãos que a integram, Conselho de Administração, Diretoria e Conselho Fiscal, como no relativo à sua investidura e à participação dos representantes dos Minoritários, sistematizadamente. Por fim, vislumbrou-se que se houver práticas internas que reafirmem o que está nos textos legais e que respeitem os Direitos aos Acionistas, lembrada a Governança Corporativa, e que se concorrer com isto uma fiscalização adequada pelos órgãos governamentais designados, no caso, lembrada a Comissão de Valores Mobiliários, se criará um cenário adequado para o desenvolvimento do Mercado de Capitais apto para canalizar poupanças privadas. Certo, sempre haverá riscos, e os ganhos serão proporcionais, mas o jogo será limpo, corrigidas as informações assimétricas.

É de conhecimento de todos que, a esta época, e não só em razão do ocorrido em 11 de setembro de 2001, e que deve ser incondicionalmente repudiado por todas as pessoas de bem, porquanto apenas portadores de desvios de conduta imaginarão "justificativas", há uma crise econômico-financeira internacionalizada, rompida a "bolha", desfeita a "exuberância irracional" e não tendo sido suave o "pouso da águia", tendo sido estreitados os níveis de investimentos e estabelecida uma desconfiança generalizada. É, pois, sabido que a confiança do consumidor-investidor dos países que aportam capitais no mercado brasileiro não tem tido recuperação acelerada e é sabido também que, justamente, a prática de atividades administrativas contrárias ao que se teve como propósito nesta obra só tem feito desmerecer o quadro. Disto são exemplos a perda da credibilidade de Companhias que tinham como Auditores Independentes justo aqueles que lhes davam consultoria. Logo, tais fatos, desvelados, apenas desvelados porque gestados anteriormente, depois de havido por executado o trabalho, apenas reforçam seu conteudo que preconiza a conciliação entre a governabilidade e o respeito aos direitos com base na ética empresarial, até para potencializar a atratividade negocial.

Lançadas, pois, as explicações devidas.

Sumário

Introdução 15

1. Sociedades Anônimas 19
    1.1. Apresentação sócio-histórica 23
    1.2. Contexto 26

2. Acionistas 31
    2.1. Acionista: conceito 31
    2.2. Caracterização e perfis 32
    2.3. Deveres e responsabilidade 34

3. Direitos e direitos essenciais 39
    3.1. Participação nos lucros 45
    3.2. Participação no acervo em caso de liquidação 51
    3.3. Fiscalização 54
    3.4. Preferência 58
    3.5. Retirada 62

4. Voto 71
    4.1. Considerações iniciais 71
    4.2. Legitimação 74
    4.3. Voto múltiplo 78
    4.4. Acordo de voto 82

5. Minoria 87
    5.1. Poder de controle: maioria e minoria 87
    5.2. Minoria e convocação da assembléia geral 92
    5.3. Administração e minoria 96
    5.4. Conselho fiscal e minoria 103

6. Perspectivas sistemáticas dos direitos dos acionistas e deveres da administração 109

    6.1. Equilíbrio interno 110

    6.2. Captação de recursos no mercado 118

    6.3. Governança corporativa 124

    6.4. Intervenção estatal: CVM 126

    6.5. Considerações complementares 130

Conclusão 133

Bibliografia 145

Introdução

As Sociedades Anônimas ou Companhias têm sido reconhecidas como o tipo jurídico de Sociedade Mercantil ou, na designação que se afigura mais coetânea e adequada até tecnicamente, Sociedade Empresária, para o exercício das atividades econômicas de porte. A atividade empresarial, agora, e isto é axiomático, deixou de ser preponderantemente exercida pelo velho Comerciante Individual, ou Comerciante com Firma Individual, hoje havido como Empresário Individual. O território econômico é, agora, ocupado, aos fins do exercício da empresa, aí significando "empresa" a atividade econômica organizada, por outro Sujeito de Direito, este formado coletivamente, agora, a saber, a Sociedade como Pessoa Jurídica, dotada de personalidade jurídica própria e não se confundindo com a de seus integrantes, membros, componentes ou sócios. E, dentre os tipos societários que desenvolverão os empreendimentos econômicos está a Sociedade Anônima ou Companhia.

Deliberadamente, esquecidos outros tipos societários, as Sociedades em Nome Coletivo, em razão da responsabilidade pessoal, solidária e ilimitada, ainda que subsidiária, de seus sócios, vêm sendo cada vez menos constituídas, e não se necessita de estatística das Juntas Comerciais para servir de evidência para tal afirmação. E as mesmas sempre se destinaram, mais, se não somente, para as pequenas atividades que se desenvolviam até de caráter familiar. As Sociedades por Quotas de Responsabilidade Limitada, à sua vez, conviriam aos pequenos e médios empreendimentos, conci-

Direitos Essenciais dos Acionistas

liadas nelas a ausência de responsabilidade pessoal, uma vez integralizado o capital, e a dispensa de maiores formalidades procedimentais, seja para a constituição, seja para o funcionamento. Contudo, pouca ou nenhuma relevância têm elas como mecanismo de captação de poupanças. Vale dizer, ainda que não tenham sido celebradas com intenção personalística e hajam sido contratadas com escancarado ânimo capitalístico, seu âmbito de atuação tem sido restrito, ainda que não se negue, antes se realce, sua imensa importância no espaço econômico. Aliás, incumbe a referência, isto também tem ocorrido fora do Brasil, sendo de se lembrar que, até como tipo societário novo, lá, nos Estados Unidos, desde a década de setenta, vêm sendo constituídas sociedades que se identificam com as acima aludidas, as *Limited Liability Companies*, em razão do que supra se dispôs.

Sobram as Companhias.

Estas, em razão de sua formatação técnico-jurídica, têm sido, ou deveriam ter sido, o instrumento básico para os empreendimentos de porte macro.

Contudo, e para tanto, na medida em que elas necessitam de recursos financeiros e desde que a busca dos mesmos através de empréstimos se mostra problemática posto que não são desconhecidas as taxas de juros praticadas no Mercado Creditício, a alternativa para a captação dos mesmos deve-se dar, ou deveria, no Mercado de Capitais com a drenagem da poupança privada, interna e externa, deixando a sociedade de ter credores e passando a ter sócios.

Assim, para que as pessoas, no mais das vezes pessoas naturais, físicas, ou mesmo outras pessoas jurídicas, se sintam instigadas a canalizar suas poupanças para tanto, associando-se a uma Sociedade Anônima, comprando suas ações, é fundamental que nestas, internamente, haja um sistema que balance e equilibre deveres e direitos, sem molestar a administrabilidade, de um lado, e sem confinar, por outro, os adquirentes, subscritores de ações ou outros títulos à condição de meros prestadores de capital, e é básico que o sistema se mostre idôneo.

Isto foi o que Mário Henrique Simonsen, Ministro da Fazenda à época da formatação da Lei nº 6.404, afirmou na Exposição de Motivos anexa ao encaminhamento do Projeto de Lei das Sociedades por Ações e que veio a ser aprovada, ou seja, "o projeto visa, basicamente, a criar a estrutura jurídica necessária ao fortalecimento do mercado de capitais de risco no país, imprescindível à sobrevivência da empresa privada na fase atual da economia brasileira", cuidando ainda o Professor Simonsen de mencionar que "a mobilização da poupança popular e seu encaminhamento voluntário para o setor empresarial exigem, contudo, o estabelecimento de uma sistemática que assegure ao acionista minoritário o respeito a regras definidas e eqüitativas, as quais, sem imobilizar o empresário e suas iniciativas, ofereçam atrativos suficientes de segurança e rentabilidade".

Na busca deste equilíbrio, com marchas e contramarchas, o sistema legal societário tem sofrido modificações, e nem sempre tem ele sido aplaudido. Na verdade, ainda está por se estabelecer uma distribuição de direitos e deveres que satisfaça, no mínimo mais aproximadamente, as exigências que se imporiam, de ponderação entre a administração e seus direitos e deveres, para fazer com que a Companhia cumpra seus fins, inclusive sua função social, e a proteção aos acionistas, em especial aos minoritários ou aqueles que não estão tendo direito de voto. Eticamente.

Mas há algumas perspectivas.

Há, a uma, aquela mecânica que o mercado vem chamando de "governança corporativa", pela qual as companhias que a adotam se comprometem a estabelecer práticas administrativas conducentes a maior transparência na sua atividade negocial em troca de um reconhecimento que marca relações de confiança, abrindo-se as "caixas pretas". A duas, havendo uma maior presença de um intervencionismo estatal na esfera pri-

Direitos Essenciais dos Acionistas

vada, porquanto a legislação, ainda que não obra pronta, obrigaria, internamente, uma formatação técnico-jurídica consetânea com as exigências acima aludidas, e, externamente, ensejaria meios de controle, sobretudo através da Comissão de Valores Mobiliários.

Postas estas premissas e colocados os problemas, observados os limites que existem em trabalhos como o presente de vez que a idéia não é a de apresentar uma tese inovadora, a intenção é a de descrição dos chamados Direitos Essenciais dos Acionistas, com alusão ao Direito de Voto, dentro do sistema legal, e trazerem-se algumas ponderações a respeito de tais temas. Mas não há o desejo, embora aflorem-se aqui e ali outras questões, de alargar-se o foco.

É de dever assinalar que o trabalho se apóia em bibliografia didática conhecida, alguma forânea (apenas aos fins de adequação), não se tratando de estudo do Direito Comparado, uma vez que na mesma descobrem-se elementos críticos. No mesmo caminho, diga-se, o trabalho de prospecção legal não tem por escopo o exaurimento das questões, com todos os desdobramentos encontrados em obras de maior tomo, inclusive aquelas de comentários à legislação. Identicamente, recorrer-se-á aqui e ali aos escólios jurisprudencias para ver-se como o Poder Judiciário vem emprestando tratamento à matéria.

De qualquer forma, o propósito é o de encaminhar a idéia de que, em todas as situações, variando a legislação conjunturalmente, e nem sempre com os objetivos mais idôneos, impõe-se reconhecer, apenas a partir de uma interpretação sistemática compatibiliza-se aquela ao direito, tomado este como, no dizer de Juarez Freitas, "uma totalidade axiológica", como um sistema, mas aberto ao seu meio aos efeitos de funcionalização.

1. Sociedades Anônimas

As Sociedades Anônimas ou Companhias podem, de plano, ser apresentadas como sendo aquelas em que o Capital é dividido em Ações e a Responsabilidade do Acionista é limitada ao preço de Emissão das ações subscritas ou adquiridas. Não se tem, aí, um conceito, menos ainda uma definição. Nem quis-se buscar tanto. Contudo, tal apresentação se escora no próprio texto legal.[1]

As definições apontadas e os conceitos trazidos pela Doutrina, na verdade, se enriquecem o conhecimento e se merecem todo o respeito, acabam sendo variações ao redor do mesmo nicho.

De fato, Rubens Requião,[2] tomando o texto legal aludido, refere os traços característicos da Companhia e aponta os elementos centrais, ou seja, o capital social dividido em ações e a responsabilidade limitada por parte dos sócios. Fábio Ulhoa Coelho[3] ensina que "A Sociedade Anônima, também referida pela expressão 'Companhia', é a Sociedade Empresária com capital social dividido em ações, espécie de valor mobiliário, na qual os sócios, chamados acionistas, respondem pelas obrigações sociais até o limite do preço de emissão das

---

[1] Lei nº 6.404, de 15 de dezembro de 1976, Características e Natureza das Companhias ou Sociedade Anônima Características, Art. 1º. "A companhia ou sociedade anônima terá o capital dividido em ações e a responsabilidade dos sócios ou acionistas limitada ao preço das ações subscritas ou adquiridas"

[2] Requião, Rubens. *Curso de Direito Comercial*, 21ª ed. São Paulo, Saraiva, 1998, p. 1.

[3] Coelho, Fábio Ulhoa. *Curso de Direito Comercial*, São Paulo, Saraiva, 1999, p. 63.

Direitos Essenciais dos Acionistas

ações que possuem". Manuel Broseta Pont,[4] à sua vez, depois de mencionar que a Lei Espanhola não tem um conceito, afirma que a mesma traz seus elementos como, primeiro, o fato de "tener dividido el capital em acciones, segundo, que el capital se forme o integre necesariamente por las aportaciones de los socios" e, por fim, "que los socios no respondan personalmente de las deudas sociales". No Direito Societário Norte-Americano, Henn e Alexander[5] professam que "by definition, then, a Corporation is an entity, and is so regarded for most legal purposes", de modo que o capital é formado por "a wide variety of debt and equity securities" e de formas que "in the corporation, the shareholder's liability is usually limited to their respective capital contributions."

Do mesmo modo, há uma, no mínimo relativa, proximidade nas várias legislações. Com efeito, a par da lei brasileira, a lei italiana, trazida pelo Códice Civile, que plasma a unificação do Direito Privado Italiano, no Artigo 2325, contempla a "nozione" e aí refere a limitação da responsabilidade dos sócios e a divisão do Capital Social em Ações. Na Argentina, o Código de Comércio, no Artigo 163, do mesmo modo, agrega norma que dispõe sobre a representação do Capital por *Acciones* e a limitação da responsabilidade ao dever de integralização das ações subscritas. Isto se repete em Portugal, uma vez que o Código das Sociedades Comerciais estabeleceu ser o Capital dividido em Ações e ser a responsabilidade do sócio limitada ao valor das ações que subscreveu, e o Model Business Corporation Act, versão de 1984, apenas pontualmente modificada desde então, utilizando definições, no Chapter 1, Subchapter D, 1.40, (21) fixa a idéia de shares como sendo a unidade do capital ou a de como "the proprietary interests in a corporation is divided" e, no Chapter 6, Subchapter B,

---

[4] Pont, Manuel Broseta. *Manual de Derecho Mercantil*, 10ª ed., Madrid, Tecnos, 1994, p. 222.
[5] Harry G. Henn; John R. Alexander. *Laws of Corporations, Hornbook Series Student Edition*, 3ª., USA, West Group, 1983; p. 123 e ss.

§ 6.22, a de que "a shareholder of a corporation is not personally liable for the acts or debts of the corporation".

Trata-se de uma Sociedade de Capitais, à vista da sua caracterização, de uma sociedade de responsabilidade limitada, sendo sempre e indiscutivelmente uma sociedade mercantil em razão da forma, o que a própria lei, no art. 2º, § 1º, acentua.

As Companhias, ainda, como qualquer sociedade, têm um objeto, podendo-se dedicar a qualquer empreendimento lucrativo, desde que lícito.[6]

Identificam-se por uma Denominação (Lei nº 6.404, art. 3º).[7] Aliás, esclarecendo-se, o Nome Empresarial, antigo Nome Comercial, que é como o Empresário e/ou a Sociedade Empresária, incluídas as Companhias, se identificam, comporta uma especificação. Assim, o Empresário Individual utilizará, *a fortiori*, do Código Civil, o Novo, Artigo 1.156, uma Firma, aliás Firma Individual; as Sociedades Empresárias empregarão uma Firma Social, ou Razão Social, expressão sinônima, ou, se se tratar de Sociedade Limitada, alternativamente, uma Denominação. No caso das Sociedades Anônimas, desde o Decreto nº 916, de 1890, vedado o uso de Firma ou Razão, usa-se Denominação, como veio a explicitar a Instrução Normativa nº 53, do DNRC, de 1994.

E subdividem-se.

Há, primeiro, as Companhias Abertas, que são aquelas cujos títulos, a saber as ações, as debêntures e outros, são negociados no Mercado de Valores Mobiliários, *id est*, são comprados e vendidos nas Bolsas de Valores, e no Mercado de Balcão, qual seja aquele relativo às operações de compra e venda que se desen-

---

[6] É interessante notar que o texto legal, a saber, a Lei nº 6.404, art. 2º, *caput*, estabeleceu uma sinonímia entre "empreendimento" e "empresa" e alinhado assim ao que doutrinariamente se tem e, no plano legislativo, considerado Código Civil (Projeto de Lei nº 674, de 1975) aprovado e sancionado em janeiro de 2002.

[7] Ou seja, não têm elas, e não podem ter (Decreto nº 916, art. 4º; Instrução Normativa DNRC 53/96), "firma" ou "razão social" (e daí uma impropriedade no vezo de chamá-las de "firmas").

Direitos Essenciais dos Acionistas

volvem entre aqueles agentes autorizados, a saber as Distribuidoras e Corretoras de Valores, conforme a Lei nº 4.728, de 14 de julho de 1965, arts. 5º, 16 e 19, e a Lei nº 6.385, de 7 de dezembro de 1976, art. 15, havendo agora, ainda, o Mercado de Balcão Organizado, protagonizado pela SOMA, ou Sociedade Operadora do Mercado de Ativos. E há, segundo, as Companhias Fechadas, conceituadas a senso contrário das primeiras.

Irrelevantes aqui considerações sobre a processualística de constituição de ambas, por subscrição pública ou "constituição sucessiva", de um lado, e subscrição particular de outro.[8]

Relevante é saber-se que as primeiras, mais do que as segundas, se destinam a, também, canalizar poupança privada. Para tanto, supor-se-ão requisitos e exigências que irão ao encontro, exogenamente, dos potenciais investidores, internos e externos, e, endogenamente, dos integrantes, sócios, acionistas da Companhia.

Há, nas Companhias Fechadas, uma diretoria eleita pela Assembléia Geral, votando os acionistas-ordinaristas, salvo, como se verá adiante (cap. 5, 5.2), os casos em que o preferencialista se legitima. E há, nas Companhias Abertas, a integrar, senso largo, a Administração, o Conselho de Administração, eleito o mesmo pela Assembléia Geral, e a Diretoria, eleita esta pelo Conselho.

Claro, tal estrutura é impositiva nas Companhias Abertas, mas nada obsta que tal seja adotado nas Companhias Fechadas.

---

[8] As Companhias Abertas supõem a iniciativa dos fundadores, chamados nos EEUU de *promoters*, que desencadearão seu começo projetando seus estatutos, elaborando o estudo de viabilidade econômica e redigindo um prospecto que, em nome da Companhia em "constituição", mas já utilizando sua denominação, enviarão à Comissão de Valores Mobiliários, e, entrementes, contratarão com uma Instituição Financeira a operação de lançamento, chamada de *underwriting*, após o que, e verificada a subscrição do Capital, e em Assembléia Geral, efetivar-se-á a constituição propriamente dita. Já as Companhias Fechadas constituem-se, normalmente, de uma só vez, na Assembléia Geral, ou por escritura pública. Juliano Lima Pinheiro. *Mercado de Capitais, Fundamentos e Técnicas*, São Paulo, Atlas, 2001, p. 101 a 103, traz quadros expressivos sobre os custos e sobre as etapas na constituição de companhia aberta e na abertura de capital.

E na medida em que a Administração seja eleita, haveria de se indagar se os critérios trazidos satisfarão ou não tais requisitos, com atenção à administrabilidade e com respeito à representação, proporcional, é claro, da minoria.

Do mesmo modo, nas Companhias, são aptos a votar os ordinaristas, salvo as circunstâncias do art. 111 da Lei nº 6.404, com os seus parágrafos dispondo sobre a aquisição do Direito de Voto pelos preferencialistas.

Submetem-se, ainda, as companhias abertas e fechadas a uma fiscalização.

Há uma fiscalização interna, confiada a um Conselho Fiscal, e há uma fiscalização externa, cometida a Auditores Independentes, se aberta a Companhia (cap. 4,3).

Demais, nestas, a intervenção estatal, diga-se assim, se faz (bastante) presente com a participação da Comissão de Valores Mobiliários, tanto aos fins de registro e aos efeitos de ensejo de negociação dos Valores Mobiliários de sua emissão em Mercados de Bolsa ou Balcão, como dito acima, como para fins de disciplina.

Porém, e fundamentalmente, nas Sociedades Anônimas, há um conjunto de Direitos e Deveres para os acionistas, em especial o Acionista Controlador, para os Administradores e para os acionistas em geral, incluídos aí os minoritários.

É do equilíbrio de tudo isto que decorrerão conseqüências como uma boa inserção no Mercado de Capitais, por exemplo.

Daí a necessidade de contextualização.

1.1. Apresentação sócio-histórica

Não se pode, *brevitatis causa*, narrar e descrever a inteira história do fenômeno associativo aos fins de organizar-se a produção de bens desde seus primórdios até a época atual. Como, porém, é de dever ter-se em

Direitos Essenciais dos Acionistas

conta o contexto, interno e externo às Sociedades Anônimas, tem cabida dizer-se de onde se veio e onde se está.

É que o mesmo, segundo Lamy Filho e Bulhões Pedreira,[9] teria sempre existido, mas, segundo eles[10] e segundo Requião,[11] não havia uma nítida distinção entre associações civis e mercantis, nem havia um Direito Comercial nos moldes de agora. Waldemar Ferreira está de acordo.[12]

Na Idade Média, paralelamente ao desenvolvimento de um Direito Comercial autônomo, também se originam e crescem as sociedades mercantis, além de outros institutos, como, v.g., os títulos cambiários, e instituições como, v.g., os tribunais de comércio, antecessores das juntas comerciais, como no Brasil, e ainda presentes, por exemplo, na França.

Razão para tal desenvolvimento foi, segundo Requião,[13] o processo de limitação das responsabilidades.

Deste modo, surgem as Sociedades em Nome Coletivo, que Lamy Filho e Bulhões Pedreira designam como a mais antiga,[14] e as Sociedades em Comandita.

Com o desenvolvimento econômico, em especial marcado pelas navegações e pelos descobrimentos, assinalando a transição para a "Idade Moderna", dizem Lamy Filho e Bulhões Pedreira[15] que os "estados nacionais começaram a se estruturar" e que "teve início o processo de formação das economias de mercado".

O cenário então estava montado.

Surgiram, assim, as Sociedades Anônimas.

Não há, no entanto, aí um consenso.

---

[9] Lamy Filho, Alfredo; Bulhões Pedreira, José Luiz. *A Lei das S. A.* 3ª ed, Ed. Renovar, 1997, p. 24.

[10] Idem.

[11] Requião, Rubens. *Curso de Direito Comercial*, São Paulo, Saraiva, 1977, p. 246.

[12] Ferreira, Waldemar Martins. *Instituições de Direito Comercial.* 4ª ed. Max Limonad, 1954, p. 17.

[13] Requião, Rubens. *Op. cit., loc. cit.*

[14] Lamy Filho, Alfredo; Bulhões Pedreira, José Luiz. *Op. cit., loc. cit.*

[15] Idem, p. 31.

De um lado, apenas por exemplo, Bulgarelli[16] opina no sentido de que a Casa di San Giorgio seria a primeira organização a apresentar os requisitos básicos de uma Sociedade Anônima. Já de outro, e também, *ad exempla*, Roberto Papini[17] e Requião, aludem à existência de controvérsias aí. Isto não é importante. Ambos[18] informam que as sociedades colonizadoras do século XVII se amoldaram ao tipo. E Lamy Filho e Bulhões Pedreira[19] não discrepam.

De começo, a constituição das mesmas decorria de iniciativa estatal,[20] ou, no mínimo, tendo como característica a dependência estatal,[21] mas já traziam uma desigualdade de tratamento aos sócios.[22]

Isto caracterizaria, assim, uma primeira fase.

Com a Revolução Industrial, cujo desenho apresentava como características a adoção de novas formas de energia e novos modelos de organização do trabalho,[23] acelerou-se e completou-se o processo de formação do sistema econômico que, com Lamy Filho e Bulhões Pedreira e *in litteris*, "ficou conhecido como 'o de mercado' porque é, essencialmente, um macrossistema de trocas".[24]

Neste palco, porque as Sociedades Anônimas seriam (são) o instrumento básico e "poderoso",[25] surgi-

---

[16] Bulgarelli, Waldírio. *Manual das Sociedades Anônimas*, 12ª ed. São Paulo, Atlas, p. 61.

[17] Papini, Roberto. *Sociedades Anônimas e Mercado de Valores Mobiliários*, 3ª ed. Rio de Janeiro, Forense, 1995, p. 27.

[18] Papini, Roberto. *Op. cit.*, p. 28 e Requião, Rubens. *Curso de Direito Comercial*, 2º vol. São Paulo, Saraiva, 1977, p. 3.

[19] Lamy Filho, Alfredo e Bulhões Pedreira, José Luiz. *Op. cit.*, p. 33.

[20] Requião, Rubens. *Op. cit., loc. cit.*

[21] Papini, Roberto. *Op. cit., loc. cit.*

[22] Lamy Filho, Alfredo; Bulhões Pedreira, José Luiz. *Op. cit., loc. cit.*, dizem que os "sócios tinham pouca ou nenhuma influência" e Papini, Roberto. *Op. cit., loc. cit.*, informa sobre a "desigualdade dos direitos sociais" e sobre o fato de que "apenas os grandes acionistas tinham acesso aos cargos de direção".

[23] Idem, p. 44, citam sobre isto David S. Landes e este, em *Riqueza e Pobreza das Nações*, Campos, 1998, p. 206 e segs., de fato descreve a Revolução Industrial.

[24] Idem, p. 45.

[25] Requião, Rubens. *Op. cit.*, p. 2 e 5.

Direitos Essenciais dos Acionistas

ram as legislações sobre as mesmas. Então, depois da etapa em que as mesmas, para se constituir, dependiam de lei especial, "o que implicava um privilégio",[26] e com o Código de Comércio Francês, de 1807, também, assim como aquele outro, de 1804, o Civil, chamado de Código Napoleônico, passou-se à etapa da "autorização". E, adiante, com Lei de 1867, se estabeleceu na França plena liberdade de constituição e funcionamento. Três etapas, pois, "privilégio", "autorização" e "liberdade", segundo Requião.[27]

Claro, com Papini, este amparado em Garrigues, liberdade *vis a vis* o governo.[28]

Tudo em atenção, até aqui, ao que, ainda segundo Papini, ocorria. Ou seja, a necessidade de um instrumento jurídico que solucionasse as questões atinentes tanto à elevação dos riscos dos investimentos e substituísse o modelo que contemplava a solidariedade patrimonial, como à necessidade de captação de recursos.

O demais seria a enumeração de como os diversos sistemas nacionais aí encaminhariam as questões referentes às legislações sobre o tipo societário em exame, cabente isto em estudo de direito comparado, não aqui.

1.2. Contexto

Nos dizeres de Lamy Filho e Bulhões Pedreira,[29] ter-se-ia uma terceira fase, lembrando que à segunda, como visto acima, corresponderiam a Revolução Industrial e as etapas de autorização e liberdade para as S/A, e que esta terceira fase se caracterizaria pelo processo de concentração nas economias industrializadas que, no espaço global, conduziu à formação da empresa de grande escala.

[26] Lamy Filho, Alfredo; Bulhões Pedreira, Jorge Luiz. *Op. cit.*, p. 51.
[27] Requião, Rubens. *Op. cit.*, p. 5.
[28] Papini, Roberto. *Op. cit.*, p. 30.
[29] Lamy Filho, Alfredo; Bulhões Pedreira, José Luiz. *Op. cit.*, p. 61.

Isto, ou este processo de concentração, com altos e baixos, só fez crescer.

Nesta *terceira fase*, para se seguir a lógica de exposição de Lamy Filho e Bulhões Pedreira, afirmou-se a Economia de Mercado, antes tendo o Estado-Nação como espaço. Porém, e depois, o processo econômico, ancorado no progresso tecnológico, descolou-se de tais limites e ensejou aquilo que vem sendo denominado de "globalização".

Não é esta a sede para entrar em considerações de natureza econômica mais específicas, embora José Eduardo Faria já tenha advertido sobre a circunstância de que as informações de tal natureza não devem causar estranheza em trabalhos jurídicos.[30] É que ocorreram profundas alterações com a globalização, que repercutiram sobre o Direito. Assim como José Eduardo Faria, Ricardo Luiz Lorenzetti refletiu sobre o fato e afirmou que "o processo de globalização da economia e da sociedade tem um impacto induvidável no Direito Privado".[31] E nem se trata de adesão à Análise Econômica do Direito, vinculada ou não a um pensamento sociopolítico, na esteira de, por exemplo, Richard Posner,[32] porquanto, afirma-se aqui, a questão é de dosagem.

De forma que impende atenção para esta realidade.

E esta realidade é o cenário para a atividade empresarial, desenvolvida privadamente e onde a formatação jurídica é a da Sociedade Anônima ou Companhia. Lamy Filho e Bulhões Pedreira[33] destacam algumas

---

[30] Faria, José Eduardo. *O Direito na Economia Globalizada*. Malheiros., 1999, p. 55; onde também se lê que: "para uma correta compreensão das enormes possibilidades que se abrem para o direito a partir da globalização, é preciso muita clareza a respeito do alcance e da natureza econômica deste fenômeno".

[31] Lorenzetti, Ricardo Luiz. *Fundamentos de Direito Privado*, Revista dos Tribunais, 1998, p. 243.

[32] Posner, Richard. *Economic Analysis of Law, Aspen Law and Business*, 5th ed., 1998; onde já na introdução se lê que "this book is written in the conviction that economics is a powerful tool for analysing a vast range of legal questions" ainda que ali se destaque que os lidadores do direito possam ter dificuldade sobre tais questões e nos elos que existem entre ambos estes ramos do conhecimento.

[33] Lamy Filho, Alfredo; Bulhões Pedreira, José Luiz. *Op. cit.*, p. 63 e ss.

Direitos Essenciais dos Acionistas

características que formam um pano de fundo. A saber, a concentração empresarial, a unificação do comando e a dispersão das ações (adiante, cap. 6, aludir-se-á a questão, aos fins do exame do acionista-controlador).

John Kenneth Galbraith, no seu O Novo Estado Industrial,[34] se debruça sobre a questão das Sociedades Anônimas e, depois de lembrar aquelas características que foram descritas no Cap. 2, sobre o Capital e sobre a limitação da responsabilidade, destaca que nelas realça a sua capacidade de reunir capital ou recursos e que ela, a Companhia, "pode empreender tarefas que estão além do alcance de qualquer pessoa sozinha"[35] uma vez que "a sociedade anônima exerce muito mais influência sobre os mercados em que compra materiais, componentes e mão-de-obra e nos quais vende seus produtos acabados, do que comumente se imagina ser o caso da firma de um só dono".[36] Galbraith giza que "o requisito mais óbvio do planejamento eficiente é o grande tamanho".[37] Certo, também ele, Galbraith, avista as questões do poder monopolista e cogita daquilo que é respeitante à dialética mercado *versus* intervenção.

Em resumo, há a macroempresa.

Nela há questões atinentes à geração de recursos. Lamy Filho e Bulhões Pedreira citam-nas.[38] Tais questões não se exaurem aí. Há a necessidade de hauri-los, os recursos, interna e internacionalmente. Vale dizer, cooptar sócios/acionistas. E há a questão da estrutura da sociedade, com o balanceamento e a ponderação de direitos e deveres, de modo a que o acionista possa ser cooptado,

---

[34] Galbraith, John Kenneth, *O Novo Estado Industrial*, Tradução de Gesner Jose Oliveira Filho, São Paulo, Editor Victor Civita, 1982, p. 65 e ss.

[35] Idem.

[36] Idem.

[37] Idem, p. 66.

[38] Lamy Filho, Alfredo; Bulhões Pedreira, José Luiz. *Op. cit.*, p. 80; os mesmos, ainda, referem Berle and Means, e estes mencionam que os ativos decorreriam de fundos gerados internamente, ou seja, com uma poupança forçada, óbvio que gerada a partir da redução na distribuição de lucros/dividendos aos sócios/acionistas).

antes, e respeitado sempre sem que se prejudique a governabilidade.

Sistematicamente.

A idéia seria a de que com a Sociedade Anônima e seu estatuto legal isto viesse a ser conseguido, como queria Mario Henrique Simonsen.

2. Acionista

2.1. Acionista: conceito

O Acionista é o proprietário de ações, havido assim, com relação à Sociedade, aquele cujo nome está inscrito como tal no Livro de Registro de Ações Nominativas, previsto na Lei nº 6.404, art. 100, I, projeção do velho Código Comercial, arts. 10 e 11, e como disposto no art. 31, que estabelece a presunção de propriedade das mesmas. Ou então, admitir-se-ia a prova do *status socii* com o extrato fornecido pela instituição financeira que mantivesse, na qualidade de proprietária fiduciária, as ações em custodia. Ou seja, "é todo aquele, pessoa física ou jurídica, que é titular de ações de uma sociedade anônima", no dizer de Edwaldo Tavares Borba.[39]

Vale dizer, é o sócio da Companhia.

Ou ainda, está, o acionista, para a Sociedade Anônima, como o sócio (que, aliás, para as Limitadas, também é chamado de quotista) para todas as sociedades.

É a especificação.

Tem uma posição societária, da qual derivarão direitos e deveres, um *status socci*.

Como tal, antes, apresenta ele "perfis", que corresponderão os seus intentos em se vinculando à corporação com a aquisição de ações. Depois, verificados os requisitos, ver-se-á que há deveres e responsabilidades correspondentes.

---

[39] Borba, José Edwaldo Tavares. *Direito Societário*, 5ª ed. Rio de Janeiro, Renovar, p. 293.

Aqui deve-se explicitar o que se quer dizer com a expressão "perfis". Trata-se de termo empregado por Rubens Requião[40] para enquadrar os comportamentos e as intenções daqueles que aderirão à Sociedade Anônima, isto é, tornar-se-ão sócios. Ou seja, segundo este parâmetro, classificar-se-ão os mesmos.

2.2. Caracterização e perfis

Ao contrário das Sociedades Comerciais regidas pelo Código Comercial, *v.g.*, as Sociedades em Nome Coletivo, aliás, como até dito antes, de reduzida utilização coetânea, e como no caso das Sociedades por Quotas de Responsabilidade Limitada, mas em maior extensão, não há, para as Companhias, restrições à aquisição de ações, salvo aquelas de natureza constitucional, de resto praticamente eliminadas com a Emenda Constitucional nº 6/95, que revogou o artigo 171, o qual cuidava da "nacionalidade" da empresa e os percentuais de participação, mas em vigor o art. 222, sobre as atividades jornalísticas e de radiodifusão, embora projetem-se alterações no particular.

Assim, as pessoas naturais ou físicas, homens e mulheres, maiores ou menores, casadas ou solteiras, e a pessoa jurídica, mesmo aquela que não exerça a atividade empresarial, podem ser acionistas de uma Sociedade Anônima.

Claro, o exercício dos direitos de sócios, que se situa no plano da capacidade de fato, reclama maiores requisitos, que, aqui, desimportam.

Interessam os perfis.

Na verdade, incumbe ver-se a intenção do acionista. Cabe definir se seu desejo é o de compra e venda de ações, e de outros valores mobiliários, inclusive os "derivativos", estes assim designados porque derivam

---

[40] Requião, Rubens. *Curso de Direito Comercial*, vol. II, 21ª ed. São Paulo, Saraiva, 1998, p. 125.

de ativos subjacentes para realizar lucros mais ou menos imediatos. Ou aquele de montar uma "carteira" ou "portfólio", aos efeitos de constituir um patrimônio mobiliário, para adiante ter recursos até para prover a retirada da atividade econômica, na velhice. Bem certo que, diga-se desde logo e este não é o espírito do trabalho, tal não é tão comum no Brasil, inclusive pelo trato que, "endogenamente", vem sendo dado aos acionistas e "exogenamente", em razão das instabilidades econômicas.[41] De qualquer modo, a intenção confessada pela autoridade econômica, à época da Lei nº 6.404, como várias vezes destacado aqui, era a cooptação deste tipo de acionista. E há aquele acionista cujo desejo é o de manter poder político dentro da Companhia, o que é conseguido com o domínio das ações que representam a maioria acionária votante.

A doutrina discrepa apenas com relação à designação dos mesmos.

Por exemplo, Requião[42] alude aos "acionistas-especuladores" e aos "acionistas-empresários", na ordem posta anteriormente. Já Fábio Ulhoa Coelho[43] refere os "acionistas-especuladores", os "investidores", e os "empreendedores". E Alfredo Lamy Filho e José Luiz Bulhões Pedreira, de resto os autores, sempre se lembrando que Mário Henrique Simonsen teve parte nisto, do ante-projeto, mencionam o "investidor-especulador" e o "investidor-empresário".[44]

Tal ou qual perfil encaminhará a aquisição destas ações ou outras, comprando o "acionista-empresário" ou "investidor-empresário", ou, ainda, o "empreendedor" ações ordinárias, em especial se, com isto, obtiver o comando do empreendimento.

---

[41] Empregou-se o termo do texto com vistas à menção de que há coisas internas às Companhias e externas a elas mas relativas ao seu meio ambiente, o Mercado.

[42] Requião, Rubens. *Curso de Direito Comercial. Op. cit.*, p. 126.

[43] Coelho, Fábio Ulhoa. *Curso de Direito Comercial*, 2ª Tomo, p. 271.

[44] Lamy Filho, Alfredo; Bulhões Pedreira, José Luiz. *A Lei das S/A*, vol. I, p. 149.

Direitos Essenciais dos Acionistas

À margem, há o "manipulador".

Veja-se, o termo "especulador" aí não tem uma denotação pejorativa, compondo ele o mercado e submetendo-se às suas regras, ganhando e perdendo. Já o "manipulador" está de má-fé (como destacado por Miguel Delmar de Oliveira).[45]

Um outro critério é o relativo aos "investidores-institucionais", pessoa jurídica, no mais das vezes entidade de previdência privada, do que uma pesquisa de campo (que não compõe a metodologia do trabalho) ofereceria os números, e aos "investidores-individuais", pessoas naturais ou jurídicas que assumem riscos sozinhas, conforme Juliano Lima Pinheiro.[46]

Terceiro critério divide-os, os acionistas, em majoritários e minoritários. Tal orientação tem conta as ações que tem o Direito de Voto, formando-se a maioria, simples ou qualificada, em contraposição à minoria.

E há o chamado acionista-controlador, previsto na Lei nº 6.404, art. 116. Disto cogitar-se-á adiante, capítulo 6, em especial o item 6.1.

A questão da caracterização da Minoria é objeto de exame adiante, também no capítulo 6, também em especial no item 6.1, mas daí em frente cuidar-se-á do que vem sendo posto pelo sistema, claro que em caráter exemplificativo, sobre sua proteção.

2.3. Deveres e Responsabilidade

Os acionistas, todos, têm o dever de pagar o preço das ações que subscreveram, pagando-o em dinheiro ou "em qualquer espécie de bens suscetíveis de avaliação em dinheiro", segundo a Lei nº 6.404, art. 7º.

---

[45] Oliveira, Miguel Delmar de. *Introdução ao Mercado de Ações*, obra destinada aos auspícios da Comissão de Valores Mobiliários, p. 212. Normalmente opera através de "laranjas", e aqueles robustos são chamados de "acerolas", nas operações de sucessivas compra e venda diárias (*Day Trade*) com a mesma pessoa (*Zé com Zé*).

[46] Pinheiro, Juliano Lima. *Mercado de Capitais, Fundamentos e Técnicas*. São Paulo, Atlas, 2001, p. 90.

Daí três decorrências.

A uma, o preço será fixado na forma da Lei n° 6.404, arts. 13 e 14, observado o limite do art. 13. É que as ações podem ser emitidas com valor nominal, e o preço de venda não poderá ser inferior ao valor expresso. Acima do par o mercado decide, mas abaixo frustra o princípio da intangibilidade do Capital Social, com potencial prejuízo a credores. Ou sem valor nominal. Neste caso, o preço, que é pelo que o subscritor-adquirente se responsabiliza, é fixado pelos fundadores, no caso da Constituição de Companhia e pela Assembléia Geral, se o caso for de aumento de capital.

A duas, o pagamento com a conferência de bens é admitido, mas há temperamentos. Antes, há cuidar-se de que não se trate de bens estranhos ao objeto social da Companhia, segundo a Lei n° 6.404, art. 117, § 1°, *h*, no caso de controlador, e no de qualquer acionista. Claro, tais bens podem ser corpóreos ou incorpóreos. Depois, tais bens são sujeitos à avaliação, mesmo os intangíveis como o fundo de comércio, que se fará na forma determinada no art. 8°. Por fim, tais bens, em princípio, transferem-se para o domínio da Companhia, dispensando-se, se tratar de bens imóveis, a escritura pública, segundo a Lei n° 6.404, arts. 89 e 98, § 2°, aliás em consonância com o sistema registral, vez que a Lei n° 8.934, art. 64, traz, como regra geral, o mesmo trato.

A três, a ausência do pagamento do preço, o inadimplemento, acarreta ao acionista em mora, ou porque tal já está no Estatuto ou porque houve aviso de chamada, as possibilidades de vir a ser excluído da Sociedade ou a de ser executado. No primeiro caso, observa-se, há com nitidez a congruência sistêmica de vez que o Código Comercial, art. 289, e o Decreto n° 3.708, de 1919, art. 7°, lá para as demais sociedades e aqui para as limitadas, dispõem sobre a exclusão ou despedida do sócio remisso. O Novo Código Civil, Lei n° 10.406, de 10 de janeiro de 2002, artigos 1004 e 1058, deu igual trato à questão. No segundo, nota-se que a lei de regência criou um novo

Direitos Essenciais dos Acionistas

título executivo extrajudicial, a saber o Boletim de Subscrição e o Aviso de Chamada (se for o caso).

Este dever de pagar o preço das ações não se extingue com a eventual decretação de falência. Em caso de quebra, muda apenas a legitimação. Antes, a Companhia era a legitimada (Lei nº 6.404, art. 107), depois, com a falência, a massa falida, através do síndico, cobrará a integralização do preço, segundo o Decreto-Lei nº 7.661, art. 50.

E aí se exaurem suas responsabilidades, tênue a *affectio societatis*.

Ou seja, como já exposto, na medida em que a Lei nº 6.404, art 1º, já pôs em jogo as coordenadas para a caracterização da Sociedade Anônima e desde que ali os parâmetros estejam dispostos, a responsabilidade do acionista é pelo pagamento até a integralização do preço das ações que subscreveu e/ou comprou (antes e depois da formalização da constituição da S/A).

Certo, está-se a falar do "gênero" acionista, sem alusão àquele que a administra, como integrante do Conselho de Administração e sem cobrir-se a questão do Acionista Controlador, aqui.

Mesmo outros subsistemas não agridem o aqui explicitado. Por exemplo, o Código Tributário Nacional, art. 135, III, menciona o, sentido largo, administrador, e o Código de Defesa do Consumidor, art. 28, também.

E, convenha-se, não poderia ser diferente, pena de lesão à regra do Velho Código Civil, art. 20, conquista do desenvolvimento jurídico, ou às do Novo Código Civil, arts. 45, 985 e 1150. Certo, desde que não haja ensejo, aliás com bastante substância exigir-se-ia, à *disregard*, pois dificilmente atingiria quem não administrasse. Na realidade, o Novo Código Civil, sancionado em janeiro de 2002, reproduz a mesma idéia, no artigo 50. Personificada a sociedade, aos efeitos de inibir a má utilização da personalidade jurídica, o Sistema chancela a possibilidade de sua ineficácia *vis a vis* credores que sejam prejudicados por atos que o contrariem, assim, reintroduzindo o equilíbrio. Mas a extensão aos sócios que não estejam em postos administrativos é de difícil uso, eis que não se puniria alguém pelo só-fato de ser acionista e que não contribui com seus atos para alguma lesão.

3. Direitos essenciais

A legislação, sempre repetido isto aqui, no esforço de encontrar o ponto ótimo de equilíbrio entre a operacionalidade da administração, a governabilidade, para se empregar um termo recorrente nesta época, mas deixadas à margem, aqui, as disputas entre a natureza contratual e/ou corte institucional das Companhias, não se furta de reconhecer direitos aos acionistas, todos, irrelevantes no ponto seus perfis, como aludido antes, e, aí, com diversos temperos, sua posição na sociedade como, v.g., maioria ou minoria, ou ainda ordinarista ou preferencialista.

No ponto cabe referir que aqueles que representam o foco do presente trabalho estão especificados na Lei nº 6.404, art. 109, e as outras prospecções trazidas – e isto é reiterado – ingressam como apoio, e os desdobramentos são encontrados ao longo do diploma básico, além de expressos ou reforçados em outros, como, v.g., a Lei nº 6.385, de 7 de dezembro de 1976, art. 4º, e, por certo, explicitadas em sua funcionalidade em atos administrativos.[47]

---

[47] Lembradas aqui *en passant* a Instrução Normativa da CVM nº 324, de 19 de janeiro de 2000, sobre os ensejos aos acionistas para promover a instalação de Conselho Fiscal (que vem ao encontro do direito de fiscalização, como adiante se verá), ou a Instrução Normativa da CVM, nº 345, de 4 de setembro de 2000, sobre direitos de minoritários em contraponto a deveres dos controladores. Ou seja, e nem seria de se exigir outra coisa, o direito dos acionistas, em sentido largo, e o detalhamento daqueles arrolados se esparramam no sistema.

Direitos Essenciais dos Acionistas

E isto é mais ou menos comum, pois se não há igualdade, há semelhança, em vários sistemas.

Modesto Carvalhosa[48] informa sobre o critério de várias legislações e refere que no direito francês disto cuidou a doutrina e que no direito espanhol há certa sistematicidade. Com efeito, o Real Decreto Legislativo 1564/1989, de 22 de dezembro, no Capítulo IV, art. 48, enumera alguns direitos correspondentes àqueles que no direito brasileiro são chamados de "essenciais". No direito norte-americano, no Model Business Corporation Act, versão de 1984, em vigor até agora, há um "subcapítulo" que trata dos *shareholders*, onde é mencionado o direito de preferência, e um "capítulo", o 7º, sobre o voto, inclusive por procuração, singular ou múltiplo.

Vale dizer, o empenho de sistematização é da interpretação.[49]

Vislumbra ele, Modesto Carvalhosa, um contorno ideológico, congruente com o constitucionalismo, e relativa a visão política do meio, devidamente contextualizado, situado no tempo e no espaço, tanto que, à época de nazismo, os direitos dos acionistas, na Alemanha, sofreram restrições. Isto a uma.

A duas, se acordado que a legislação teria adotado uma posição ou inclinação "institucionalista", assumido

---

[48] Carvalhosa, Modesto. *Op. cit.*, II, p. 281 e segs.

[49] Modesto Carvalhosa ousa-se dizer aqui e a verificação é empiricamente constatável *vis a vis* os compêndios sobre o Direito Societário e sobre Sociedades Anônimas que os outros autores nacionais, levados em conta aqueles de utilização notadamente mais comum, publicaram, debruçou-se mais sobre a questão dos fundamentos. De fato, numa busca apenas perfunctória, e apenas *ad exempla*, Waldírio Bulgarelli, *no Manual de Sociedades Anônimas*; Fábio Ulhoa Coelho, no *Curso de Direito Comercial*; Rubens Requião, no *Curso de Direito Comercial*; Ricardo Negrão, no *Manual de Direito Comercial*; Osmar Brina Corrêa Lima, no *Curso de Direito Comercial*, 2; Waldo Fazzio Junior, no *Manual de Direito Comercial*, não a discutem. Mesmo J. X. Carvalho de Mendonça, no seu *Tratado de Direito Comercial Brasileiro*, que, como ver-se-á logo adiante, cuida da classificação, não lida com o(s) fundamento(s). Pontes de Miranda, do mesmo modo, não enfrenta o ponto, digredindo. De modo que, para não alongar, há ficar-se para o bem e para o mal, com Carvalhosa.

que, com isto, se entende uma "superposição do interesse público sobre o interesse societário, atribuindo-se aos controladores a missão de perseguir preferentemente os objetivos que beneficiam a Comunidade e o Estado", segundo Jean Paillusseau, citado por Carvalhosa, a contrapartida que representaria a, na expressão do mesmo, "reminiscência contratualista", viria com os "direitos individuais" do acionista, prevalecendo a vontade da maioria, mas impossibilitada esta de agredir os direitos de proteção aos acionistas em geral e aos minoritários em particular.[50]

É a busca do equilíbrio entre a posição da maioria controladora e a da minoria controladora.

Ou aí ousa-se a adjetivação, mas com caráter interpretativo, abalizadamente como afirmam Alfredo Lamy Filho e José Luiz Bulhões Pedreira, justamente os juristas que, tendo como maestro Mário Henrique Simonsen, então Ministro da Fazenda, redigiram o anteprojeto que, depois, como projeto foi votado e converteu-se na Lei nº 6.404, trouxeram-se temperamentos à "onipotência" da Assembléia Geral.[51] [52]

Em resumo, há uma semelhança entre o traço constitucional e o trato dos direitos dos acionistas.

Daí, antes, englobarem-se-nos como, senso largo, "direitos individuais" e, depois, contempladas as diferenças e as diversidades, seja com vistas ao propósito do acionista, seja com relação à sua posição na Companhia, denominarem-se-nos de "essenciais", para todos acionistas.

Claro, e sobre isto, ao fim e ao cabo, ver-se-á, há refletir-se se, no momento atual, em que, como já dito,

---

[50] Carvalhosa, Modesto. Op. cit. p. 277 e ss.
[51] Lamy Filho, Alfredo; Bulhões Pedreira, José Luiz. *A Lei das S/A*, v. I, p. 77.
[52] Note-se, apenas faz-se aqui a lembrança, que isto tudo ocorreu à conta do Ministério da Fazenda, e não ao encargo do Ministério da Justiça. Enfim, trata-se do Brasil.

Direitos Essenciais dos Acionistas

tem prevalecido a economia de mercado e é, ainda bem, hegemônico o predomínio jurídico-político da Constituição do Estado Democrático de Direito, o equilíbrio é adequado e se a rede de proteção aos acionistas, em especial os minoritários, é suficiente.

Deste modo, acorde-se, ter-se-iam, *primus*, os direitos individuais, também ditos essenciais, assim entendidos todos aqueles reconhecidos e/ou atribuídos a todos os acionistas.

Mas os mesmos podem ser classificados, *secundus*.

Alguns autores empreitaram a tarefa.

Por exemplo, Osmar Brina Corrêa Lima[53] classifica os direitos em Direitos Essenciais, que iguala aos direitos individuais, e Direitos Não-Essenciais, que denomina Direitos Sociais, ilustrando este último aspecto com o direito de voto.

Waldírio Bulgarelli, à sua vez, indo além, divide os Direitos dos Acionistas em, "um", "direitos próprios e inderrogáveis" e outros "derrogáveis" relacionado o critério à importância, e em, "dois", "patrimoniais" e instrumentais, segundo a natureza.[54] [55]

E Modesto Carvalhosa, na obra já citada, utilizando outros critérios, alude a: a)direitos individuais (justamente os imutáveis ao nuto da Assembléia Geral); b) os direitos da minoria (também inalteráveis); c) os direitos

---

[53] *Curso de Direito Comercial*, v. 2, Sociedade Anônima, Belo Horizonte, Del Rey, 1995, p. 154.
[54] Bulgarelli, Waldírio. *Manual das Sociedades Anônimas*. 14ª ed. São Paulo, Atlas, p. 211.
[55] Aí Bulgarelli inclui entre os patrimoniais o de recebimento de dividendos, o de participação no acervo da Companhia quando da sua liquidação, mais outros, e entre os instrumentais o de voto, o de informação e o de fiscalização, e também outros. Ele mesmo, mas não no *Manual* e sim no *Regime Jurídico de Proteção às Minorias nas S/A*, Rio de Janeiro, Renovar, 1998, p. 51 e ss., antes, citando D. Schimidt, refere os *Direitos Próprios e os Direitos Sociais*, e depois, à sua conta (57) refere os *Direitos que repercutam no patrimônio* (a) recebimento de dividendos; b) co-propriedade das reservas; c) participação na liquidação do acervo; transferibilidade das ações; e) de preferência; f) de recesso) e os meios que a lei confere (a) voto; b)assistir às Assembléias; c) informação; d) fiscalização)

próprios de classes de acionistas (idem); d)os direitos gerais de dissidência; e e)os direitos coletivos.[56][57][58][59] Frente aos Direitos dos Minoritários, também há uma relação.[60][61]

---

[56] Carvalhosa, Modesto. Op. cit. II, p. 290 e segs.

[57] "Em face dos fins e da base da organização da companhia, podem ser apontadas cinco categorias de direitos dos acionistas. Em primeiro lugar, estão os *direitos individuais* e respectivas garantias, comuns a todos os acionistas, aos quais não podem os sócios renunciar e tampouco o estatuto ou a assembléia geral derrogar. São direitos imutáveis que resultam da lei. São exercitáveis individual e independentemente do número de ações possuídas pelo acionista, no capital social. São inerentes à própria essência do contrato de sociedade e, portanto, intangíveis. Em segundo lugar, vêm os *direitos da minoria*, que pressupõem antes de tudo a titularidade de um número mínimo de ações, conforme a matéria do interesse dos minoritários. Pressupõem mais que o acionista não faça parte do grupo controlador ou seja isoladamente controlador. São prerrogativas que, da mesma forma, têm caráter de inderrogabilidade e intangibilidade, não podendo, portanto, ser alteradas, senão pela lei. Também não podem ser objeto de renúncia dos acionistas. Em terceiro lugar, encontram-se os *direitos próprios de classes de acionistas*, reservado aos titulares de ações preferenciais ou de classes diversas de ações ordinárias. Nesta categoria, a diversidade de direitos não pode ultrapassar os limites que a lei autoriza para o tratamento diferenciado da respectiva classe. Esses diretos específicos não podem, ademais ser modificados, a não ser com o assentimento dos titulares dos respectivos direitos (arts. 16, 136 e 137). Em quarto lugar, há os *direitos gerais de dissidência*. Nestes se incluem os restantes da criação de ações preferenciais ou alteração no regime destas (art.137); alteração no dividendo obrigatório (art. 137); mudança do objeto da companhia (art. 137); incorporação da companhia em outra, sua fusão ou cisão (arts. 136 e 230); incorporação da companhia controlada ou sua fusão (art. 264); dissolução voluntária da companhia (art. 206) ou cessação do estado de liquidação (art. 137); participação da companhia em grupo de sociedades (art. 137 e 270); transformação da companhia (arts. 221 e 298); e aquisição, por companhia aberta, do controle sociedade mercantil, nos termos do art. 256, § 2º. Em quinto lugar, acham-se os *direitos coletivos*, em que prevalece a vontade dos controladores. Tais direitos podem ser alterados pela manifestação dos acionistas em assembléia geral e com a modificação da lei interna da sociedade. O limite do exercício dessa prerrogativa encontra-se na licitude dos fins societários e do exercício regular das atividades sociais". Mas isto frente aos "Direitos Essenciais".

[58] Carvalhosa, Modesto. *op. cit. loc. cit.* Reconhece ele, nos quais vê menos importância, outras "prerrogativas"

[59] Idem.

[60] Idem. p. 294.

[61] Idem: "Faculdade de requerer aos administradores a relação de endereços dos acionistas aos quais a companhia enviou solicitação de mandato, para o fim de remeter-lhes pedido com o mesmo objetivo (art. 126). Para tanto, deverá o acionista interessado deter 0,5% ou mais do capital social. Para os acionistas titulares de ações representativa de 5% ou mais do capital social, a lei reserva os seguintes direitos: - requerer em juízo exibição de

---

Direitos Essenciais dos Acionistas

Do mesmo modo, Jorge Lobo,[62] depois de mencionar Bulgarelli e a distinção feita por ele entre os direitos da minoria e os direitos individuais dos acionistas, relativos aqueles à participação e estes à proteção contra abusos, oferece sua versão cogitando da tutela da minoria em sentido amplo ou proteção institucional da minoria qualificada e da tutela da minoria em sentido estrito ou direitos individuais do acionista.

É bem de ver que os direitos arrolados por Carvalhosa, de uma forma natural, sem esforço maior para verificação empírica, se encaixam nos Direitos Essenciais, no mais das vezes, concretizando-os.

Por exemplo, daqueles da relação trazida por Carvalhosa, antes transcrita em nota de rodapé, os previstos nos artigos 123, 125, 157 e 159 são, constata-se, decorrentes do 109, III.

Deste modo, o passo seguinte é a enumeração dos Direitos Essenciais consolidados na Lei nº 6.404, art. 109,

---

livros (art. 105); - requerer por carta ou convocação de assembléia geral da companhia fechada (art. 124); - requerer cópias dos documentos que se acham à disposição dos acionistas, na sede social, para a realização da assembléia geral (art. 133); - solicitar informações aos administradores de companhia aberta sobre os interesses patrimoniais dos mesmos, representados por valores mobiliários de emissão da companhia, bem como benefícios ou vantagens recebidas (fringe benefits) e condições dos contratos de trabalho e, ainda, quaisquer atos ou fatos relevantes nas atividades da companhia (art. 157); - propor ação de responsabilidade contra os administradores (art. 124). Para os acionistas titulares de ações, que representam 5% ou mais do capital social ou preferencial, cabe o direito de convocar a assembléia geral, quando os administradores não atenderem, no prazo de oito dias, a pedido de convocação que nesse sentido lhes for apresentado (art. 123 – com a nova redação dada pela Lei nº 9.457/97). Para os acionistas que representem 5% ou mais de ações sem direito a voto, a lei outorga o direito de requerer o funcionamento do Conselho Fiscal (art. 161). Para os acionistas que representam 1/10 do capital votante, a lei dá o direito de requerer o funcionamento do Conselho Fiscal e de eleger um membro desse órgão (art. 161) e requerer a doação do voto múltiplo para eleição de membros do Conselho de Administração (art. 141). Finalmente, para os acionistas que representam 20%, no mínimo, do capital com direito a voto, é assegurado o direito à eleição de um dos membros do Conselho de Administração, se o número de membros desse órgão for inferior a cinco, independentemente da doação do regime de voto múltiplo (art.141)."

[62] Lobo, Jorge. Proteção à Minoria Acionária, *Revista de Direito Mercantil*, n. 105, São Paulo, Malheiros, 105, p. 25 e ss.

e apenas, no patamar elementar do presente trabalho, examiná-los, posto o foco na relação da Lei.

Porém, e antes, saliente-se e destaque-se que o Direito de Voto não está aí incluído. Ou seja, o mesmo não é havido como em "Direito Essencial" e será examinado à parte.

3.1. Participação nos lucros

Tem, já aludido antes, o acionista como Direito Essencial, também e entre outros, como se verá infra, o direito a participar nos lucros sociais. A lei de regência, Lei nº 6.404, de 15 de dezembro de 1976, art. 109, I, dispõe que nem o Estatuto nem a Assembléia Geral poderão privar o acionista dos direitos de participar dos lucros sociais.

Tal comando é pertinente à vida societária em geral e radica no vetusto Código Comercial, a Lei nº 556, de 25 de junho de 1850, que, no seu art. 288, já cominava de nulidade a sociedade em que se estipulasse que a totalidade dos lucros viesse a ser distribuída a um só dos sócios ou que, no que interessa no momento, "algum seja excluído". Claro, desimporta para os fins de prosseguimento deslindar-se se a nulidade é de todo o contrato ou, tão-só, da cláusula, parecendo que a melhor idéia é a de que a invalidade seja apenas do item. Aliás, o Novo Código Civil, Art. 1008, afirma isto.

Mas importam esclarecimentos sobre a forma como se dará tal participação.

No plano da legislação, ter-se-á o Código Comercial que orienta sejam os "ganhos e perdas" comuns aos sócios proporcionalmente aos seus quinhões, vale dizer, na razão direta de sua participação societária (Código Comercial, art. 330), com um reparo, a saber, o permissivo de que o Contrato Social estipule de forma diversa. Assim também o Novo Código Civil, Art. 1007.

Isto se explica.

Direitos Essenciais dos Acionistas

Trata-se de Direito Privado e se a norma do art. 288 é imperativa, aquela do art. 330 é dispositiva, podendo os interessados, os sócios, enchê-la. Da mesma forma as dos Artigos 1008 e 1007, nesta ordem, do Novo Código Civil.

Na Lei nº 6.404, há, também, regras.

De começo, lembre-se, há as ações ordinárias e as preferenciais, aquelas que neste ponto têm relevo e sem influência maior aqui a circunstância de serem ou não de "fruição" (Lei nº 6.404, art. 44, § 5º). e consigne-se que, normalmente, aliás segundo os perfis dos acionistas, haverá na Companhia o "ordinarista" e o "preferencialista", como já dito antes.

Registre-se que, observada a proporção do art. 15, § 2º,[63] e dividida a composição do Capital Social, o que não é uma obrigação, mas uma faculdade, haverá, ou poderá haver, uma diferença de tratamento e, contando por baixo, as ações preferenciais concorrerão, na distribuição dos dividendos, em vantagem de terem, no mínimo, 10% (dez por cento) maiores do que os atribuídos às ações ordinárias,[64] desconsideradas outras situações como as atinentes aos dividendos fixos, mínimos e cumulativos[65] ou não, vez que se salienta tão-só a

---

[63] É bem de ver que, com a nova redação do artigo 15, § 2º, trazido pela Lei nº 10.303, de 31 de outubro de 2001, a proporção, para as Companhias que vierem a se constituir, abertas ou fechadas, não mais seria de um terço por dois terços mas *fifty/fifty*, ficando também estabelecidas regras de transição (art. 8º, §1º, II e III).

[64] A Lei nº 10.303, de 31 de outubro, manteve este percentual na nova redação do art. 17 da Lei nº 6.404.

[65] Leslie Amendolara, *in Os Direitos dos Acionistas Minoritários*, editora STB, 1998, p. 50 e ss., ensina de forma resumida que: "Dividendo prioritário: regulado pelo inciso II do art. 17 estabelece que, dentre as vantagens ou preferências das ações preferenciais, contidas no estatuto, pode ser a prioridade na distribuição de dividendos. Assim, a diferença entre dividendo obrigatório e prioritário é que no primeiro caso a empresa está obrigada a pagá-lo a todos os acionistas, e no segundo é uma opção dela *atribuí-lo com prioridade aos acionistas apenas detentores de ações preferenciais*. A prioridade significa que os preferencialistas receberiam os dividendos antes dos acionistas ordinários. Na hipótese de não haver lucro suficiente a ser atribuído para todos aí residiria a prioridade dos preferencialistas. Os estatutos poderão também estabelecer o pagamento de dividendos de duas formas: *a) fixos*: correspondem em geral a um determinado percentual sobre o capital social. Não par-

possibilidade da diferença do trato, estabelecendo-se uma relação de congruência, entre o que se viu com referência à Lei Comum, o Código Comercial, e a *Lex Specialis*, a Lei nº 6.404. Incumbe dar relevo ao fato de que tais vantagens, em comparação com o que seria reconhecido às ações ordinárias, como o direito de voto, têm por escopo compensar aquelas pela perda deste.

Há, contudo, quem critique o só-fato de existirem ações preferenciais, como, por exemplo, Modesto Carvalhosa, para quem deveriam as mesmas merecer supressão, mencionando ele que os preferencialistas se haviam tornado acionistas de segunda classe.[66]

Entretanto, em outras legislações, segundo uma gama de autores, tais distinções de tratamento vêm sendo praticadas.

Por exemplo, e apenas por exemplo, a Lei italiana, trazida pelo Códice Civile (que, na verdade, é o Código de Direito Privado e que unificou o Direito Civil e o Direito Comercial), no art. 2348, depois de dizer que, com tradução livre, as ações conferem aos possuidores iguais direitos, assentou que, todavia, poder-se-iam criar categorias de ações com direitos diversos, cuidando o art. 2350 de mencionar que há ressalvas a direitos estabelecidos em favor de categorias especiais de ações. Do mesmo modo, o Código de Comércio da Bélgica no art. 48, 2º, cogita do dividendo privilegiado. Na Espanha, o Real Decreto Legislativo 1564/1989, de 22 de dezembro, art. 50, fala nas *acciones privilegiadas vis a vis* as *acciones ordinárias*. O Decreto-Lei nº 418/89 de Portugal, depois de referir que "todo sócio tem direito de a) quinhoar nos lucros" (art. 21), prevendo o art. 22 a proporção, salvo "preceito especial", tem o art. 302 que

---

ticipam dos lucros remanescentes. *b) Mínimos* as ações preferenciais participam dos lucros distribuídos em igualdade de condições com as ordinárias. Por fim podem os dividendos também ser *cumulativos*, dando direito ao acionista, sob qualquer das formas acima requeridas, de recebê-los acumulados nos exercícios seguintes, quando não ocorrer sua distribuição num determinado exercício.

[66] Carvalhosa, Modesto. *Comentários à Lei das Sociedades Anônimas.* 1º v. São Paulo, Saraiva, 1997, p. 142.

Direitos Essenciais dos Acionistas

reza que "podem ser diversos, nomeadamente, quanto à atribuição de dividendos" os direitos dos acionistas. O Código de Comércio da Argentina, identicamente, supõe a existência de ações com direitos diferentes (art. 207). Também a Lei Francesa, conforme René Rodière, e tendo em conta a reforma de 1966, contempla tal diferença. Vale referir que o Código Napoleônico, o Comercial, de 1807, vem de ser revogado por inteiro, editando-se na França um novo Code de Commerce, a vigorar breve, alinhando-se por certo ao que é de dever na União Européia.[67]

E nos Estados Unidos, o Revised Model Business Corporation Act (1984), § 6.23, diz que se os dividendos devem ser atribuídos *prorata*, os *articles of incorporation* – os estatutos, traduz-se livremente – podem dispor de forma diversa, ensinando Harry G. Henn e John R. Alexander[68] que "onde os dividendos não são rateados é para que se dê a uma ou mais classes de acionistas preferência de dividendos sobre uma ou mais classes".[69]

Isto está, pois, no sistema adotado pelas várias legislações.

Cabe discernir-se dos fundamentos de tal diversidade, então.

Discutir-se-ia a natureza do direito à participação nos lucros.

A questão é enfrentada por Gustavo Leopoldo Caserta Maryssael de Campos, Marcos da Costa e Mercês da Silva Nunes, que aludem ser "direito subjetivo inerente à qualidade de acionista, exercitado periodicamente".[70]

---

[67] Rodiere, René. *Droit Commercial, Groupements Commerciaux.* 9ª ed., Ed. Dalloz, 1977, p. 234.

[68] Henn, Harry G.; Alexander , John R. *In Laws of Corpopration*, p. 905.

[69] Idem, p. 905 e ss. "...where dividends are not to be shared ratably, is to give to one more classes of shares a dividend prefrence over another class or other classes".

[70] Campos, Gustavo Leopoldo Caserta Maryssael e outros. *Comentários à Lei das Sociedades por Ações*, Geraldo de Camargo Vidigal e Ives Gandra da Silva Martins, (coord.) Forense Universitária, 1999, p. 323.

Há um tempero ainda.

Divide-se o ponto em "direitos aos lucros", como posto no art. 109, I, e "direitos aos dividendos" e aí se estabelece que o direito ao dividendo é condicionado à existência de lucro.

O direito ao lucro, ou à participação nos lucros é decorrente da qualidade de sócio. Já o direito aos dividendos e as regras sobre sua distribuição são o corolário ou a projeção prática, e estas podem estar erigidas sob critérios de funcionalidade, sistemicamente, contemplando situações diferentes.

Assim, a participação nos dividendos se dará, na medida em que sua distribuição decorrer da ocorrência de lucros, na forma disposta na lei e nos estatutos, observados os limites do art. 202, pelo menos. Quer dizer, o dividendo é a parcela dos lucros cabível aos acionistas, aquilo que será dividido entre eles. Não o lucro todo, posto que os Estatutos podem, além da própria lei (art. 193), dispor sobre reservas.

E a Jurisprudência tem sido chamada a se manifestar sobre o tema. Os Tribunais têm decidido assim.[71]

---

[71] Tribunal de Justiça de São Paulo, 5ª Câmara Cível, Apelação Cível nº 94.189-1, 3 de dezembro de 1987, em Sociedades Anônimas, Jurisprudência, Nelson Eizirik, Renovar, 1996: "Por outro lado, segundo o artigo 202, e assegurado a todo acionista o direito ao dividendo, mas sujeito,no entanto, à verificação de condições ou requisitos ali especificados": O ex-marido da embargante, com quem está litigando a partilha das ações das empresas de que ele participa como diretor ou simplesmente é mero titular de crédito... omissis... os acionistas, como o ex-marido, investem-se apenas do direito de participação dos rendimentos do capital social ou dos resíduos líquidos, na hipótese da liquidação da empresa. Nada mais. É o que proclama de forma lapidar o insuperável comercialista Waldemar Ferreira: "Desde que o subscritor do capital entrega à sociedade o contingente a que se obrigou, bem ou dinheiro, aquele e este de seu patrimônio se desintegram e passam a integrar o patrimônio daquela. Pela autonomia ...omissis... o subscritor convertido em acionista se investe em direitos, uns atuais, permanentes e contínuos, na participação dos frutos e rendimentos de tal patrimônio, consistindo no acerto societário; e outros futuros, por isso mesmo eventuais, aos resíduos líquidos do mesmo patrimônio, ao se liquidar a sociedade (em Tratado de Direito Comercial, 4º., 223-224, 1961).": Tribunal de Justiça do Rio Grande do Sul, 3ª Câmara Civil, Apelação Civil nº 186051348, 10 de dezembro de 1986, em Eizirik, op. cit., 174: Miranda Júnior, Darcy Arruda, Dicionário Jurisprudencial da Sociedade por Ações, Saraiva, 1990, 411: Acordo da 2ª Câmara Civil do TJRJ, A. C. nº 13.489, Rel. Des. Roque Batista. "Inteligência do artigo 205,

---

Direitos Essenciais dos Acionistas

De qualquer modo, há este direito de participação nos lucros, convivendo o sistema, tão-só, com uma diversidade de critérios que se pretendem, ainda que, como visto antes, alguns critiquem, proporcionais às situações desiguais que se formam dentro das Companhias.[72][73]

Logo, no ponto, os reparos se dirigiriam à forma como são decididas as provisões, as reservas (art. 195) e as retenções (art. 196), que se poderiam justificar se, provavelmente, viessem ao encontro – e aí o fundamento referido retro – do interesse da companhia, até para a geração de lucros, a serem partilhados ou distribuídos como dividendos, em exercícios futuros.

---

§ 3º, da Lei nº 6.404/76. Os dividendos mínimos obrigatórios das sociedades anônimas devem ser pagos dentro do exercício social, independendo de autorização ou deliberação da Assembléia Geral de acionistas, como forma de proteção ao acionista minoritário – A retenção indevida de dividendos mínimos, segundo a lei, constitui ato ilícito, sujeitando o devedor à correção monetária a partir da notificação."

[72] Distribuição dos lucros e dividendos.

[73] Segundo Modesto Carvalhosa, op. cit, 1, 136, há uma forma de retribuir os acionistas, todos, que é de pagar juros sobre o capital próprio, na forma da Lei nº 9.249, de 1995. Assim: "Como se viu, a Lei nº 9.249, de 1995, em seu art.4º revogou a correção monetária das demonstrações financeiras vedando, em conseqüência, a utilização de qualquer sistema de indexação, inclusive para fins societários. Essa drástica medida resultaria, a longo prazo, em uma disparidade perversa entre lucros apurados e patrimônio líquido, como se pode verificar numa projeção, v.g., de aplicação por dez anos da Taxa de Juros a Longo Prazo em uma companhia próspera. Em conseqüência, a própria Lei nº 9.249, em seu art. 9ª, tenta estabelecer mecanismos de compensação que possam evitar aquela distorção de longo prazo, entre lucro e patrimônio líquido, diante da perspectiva de uma inflação persistente, de aproximadamente 10% ao ano. Assim, faculta o art. 9ª referido a remuneração do capital próprio, a titulo de juros até o limite anual da Taxa de Juros de Longo Prazo. Condiciona tal benefício à existência de lucros no exercício, ou de lucros acumulados e reservas de lucros, em montante igual ou superior ao valor de duas vezes os juros a serem pagos ou creditados. Isto posto, a companhia poderá deduzir, para efeitos da apuração de lucro real, os juros pagos ou creditados individualizadamente aos acionistas. Por outro lado, há uma transferência do encargo tributário sobre os juros, que passa a ser do acionista, mediante retenção da fonte. Temos assim, que a Lei nº 9.249, de 1995 (art. 9ª), seguida da Lei nº 9.430, de 1996 (arts. 78 e 88, XXVI), e ainda a Instrução Normativa n. 11, de 1996 da Secretaria da Receita de 1996, culminando com a Deliberação n. 207, de 13 de dezembro de 1996, da Comissão de Valores Mobiliários, criaram e regulamentaram, no âmbito tributário e societário, o pagamento de juros sobre o patrimônio líquido da companhia aos acionistas, a título de dividendos".

3.2. Participação no acervo da companhia em caso de liquidação

Embora as Sociedades Anônimas possam ter, ou tenham, um caráter institucional, posto agora que isto significaria uma tendência de permanência, por certo elas podem, como as demais sociedades comerciais, dissolver-se e, então, liquidar-se.

Situe-se.

As Sociedades Comerciais ou dissolvem-se parcialmente, afastando-se uns, ou algum, sócio(s), seja por exercício do Direito de Retirada, seja por que tenha sido excluído, ou dissolvem-se totalmente, buscando sair do mundo jurídico e econômico.

A questão é ampla. Contudo, só é possível estabelecer-se uma panorâmica do ponto se houver uma visão sistemática, conciliando-se o que está posto na legislação mercantil com o que é avistado na lei processual, quando então estarão localizadas as coordenadas.

Na verdade, as Sociedades Comerciais podem se dissolver consensualmente a qualquer época, sejam elas celebradas por prazo determinado ou indeterminado. Nada obsta que as sociedades regidas pelo Código Comercial, artigos 311 e seguintes (*usque* 328), bem assim as Sociedades por Quotas de Responsabilidade Limitada, cuja base legal é, como já visto, o Decreto nº 3.708, de 1919, havendo "mútuo consenso" (Código Comercial, art. 325, 3), ainda que a deliberação venha a ser tomada pela maioria, se dissolvam. O Novo Código Civil, art. 1033, II, segue a mesma senda, referindo o art. 1087 que o mesmo se aplica às limitadas, com os acréscimos do art. 1044.

Trata-se do Distrato, às vezes chamado de "Contrato Desconstitutivo", às vezes de "Contrato Constitutivo Negativo".

Ou seja, como contrataram os sócios para constituir a sociedade, agora contratam para desconstituí-la.

Direitos Essenciais dos Acionistas

Nas Sociedades Anônimas, a decisão de dissolução é deliberada em Assembléia Geral Extraordinária na exata forma da Lei nº 6.404, art. 122, VIII.[74]

E se cogita da AGE, como se costuma designá-las, na forma do artigo 136, X, com *quorum* qualificado (metade, no mínimo, das ações com direito a voto).

Mas também, pode haver a dissolução litigiosa.

Aí impendem algumas considerações que não desgarrariam do propósito do trabalho.

Incumbe interpretar-se o que todos os autores vêm nominando de "Dissolução Judicial" e "Dissolução de Pleno Direito".

A uma, admita-se, a nomenclatura legal é esta. Assim o Código Comercial, artigos 335 e 334, assim a Lei nº 6.404, artigos 206, I e II, assim o Novo Código Civil, artigos 1033, 1034, 1044 e 1087.

Contudo, e a duas, é razoável reconhecer-se que pode haver litigiosidade em situações em que se tenha a Companhia por dissolvida de pleno direito. Mais, o trato dado à situação em caso de falência é, aparentemente, contraditório, porque para o velho Código Comercial, 335, 5, e para o Novo Código Civil, arts. 1044 e 1087, aí a dissolução é de pleno direito, e para a Lei nº 6.404, art. 206, II, *c*, é judicial.

Daí a necessidade da visão sistêmica, funcionalizante, pois se não há consenso, há litígio. E se há litígio, a composição faz-se em juízo, vinda a palavra do juiz pela sentença.

Ora, a sentença traz consigo cargas de eficácia em escala de predominância.

Deste modo, eventualmente, a sentença declarará a dissolução, eventualmente decretará (na forma do Decreto-Lei nº 1.608, de 1939, o antigo Código de Processo Civil, art. 657, cuja vigência é determinada pelo atual,

---

[74] "Capítulo XI, Assembléia Geral Competência Privativa, Art. 122. Compete privativamente à Assembléia Geral... VII – deliberar sobre... *omissis*... sua dissolução.

52   *Sergio José Dulac Müller*

artigo 1218, VII), conforme a mesma seja apenas reconhecida por já ter ocorrido, ou seja, afirmada.

De qualquer modo, em qualquer caso, como etapa seguinte, à Dissolução sucederá a Liquidação (Código Comercial, artigo 344, e Lei 6.404, art. 208), devendo o liquidante, seja ele investido por acordo ou por ordem judicial, em resumo, vender os ativos e pagar o passivo (com ou sem o rescaldo do Código Comercial, artigo 339, ou se a razão for a Falência, do Decreto nº 3.708, artigo 9º, da Lei nº 6.404, artigos 1º e 106, e do Decreto-Lei nº 7.661, artigos 5º, 6º, 50 e 51). Ou ainda do Novo Código Civil, artigos 1102 e 1103, onde a matéria é tratada.

E poderá haver, de tudo, alguma sobra, após pago o passivo, e esta deverá ser restituída, inclusive consagrado isto pelas cortes.[75]

As coordenadas estão ou no Código Comercial, artigo 345, 3, ou na Lei nº 6.404, artigos 210, IV, e 215 (ou no Decreto-Lei nº 7.661, artigo 129, em sendo o caso). Ou no novo. Código Civil, artigo 1107.

Só então, ter-se-ia por extinta a sociedade, perdida aí sua personalidade jurídica até então conservada, observados o Código Comercial, art. 344, e a Lei nº 6.404, artigos 212 e 214.

Mas aí existem algumas particularidades.

Se o Código Comercial determina, no art. 330, e a Lei nº 10.406, o Novo Código Civil, que vigorará breve,

---

[75] Darcy Arruda, *op. cit.*, 517: Miranda cita a seguinte decisão sobre o tema: "Dissolvida a sociedade anônima, compete aos interessados na liquidação realizar o ativo e solver o passivo, inclusive com os fundos particulares dos sócios, se necessário (Cód. Comercial, art. 346). Recebendo estes seus haveres sem o cumprimento antecipado das obrigações sociais, ficam solidariamente responsáveis pelo débito, pena de se enriquecerem ilicitamente à custa de terceiros." E Nelson Eizirik, op. cit, 785, cita outra que consagra o mesmo pensamento: "Sociedade Comercial – Anônima – Dissolução – Liquidação irregular – Recebimento dos haveres pelos sócios sem cumprimento antecipado de obrigações sociais – Preexistência de débito oriundo de execução – Fraude contra credores caracterizada – Responsabilidade solidária dos sócios pelos débitos – Aplicação da teoria da desconsideração da personalidade jurídica – Determinação de penhora de bens suficientes à satisfação do crédito exeqüendo." (Agravo de Instrumento nº 203870-1 São Paulo, TACSC, 2ª Câmara Cível).

Direitos Essenciais dos Acionistas

também, no art. 1007, que ganhos e perdas são proporcionais à participação no capital social e isto é sistêmico nas Companhias, muito claro que as regras sobre os dividendos já foram examinadas antes, no caso de Liquidação o direito do art. 109, II, é concretizado na forma do artigo 215.

Em tal caso, vê-se nitidamente um esforço da legislação em aquinhoar a maioria (art. 215, § 1º), ressalvado ao dissidente, na ocasião do artigo 216, § 2º, o direito de provar que as condições especiais favorecem os majoritários, para contrabalançar, o que pode não satisfazer.

Vale dizer, a Lei nº 6.404, aqui, facultou à Assembléia Geral a aprovação, desde que tal maioria alcance noventa por cento (90%) das ações, e aí a idéia, já que é caso de Liquidação, é a de atribuir bens aos sócios, pelo valor contábil. Isto prejudicaria, ou poderia prejudicar, os minoritários e a estes, então, tocaria apenas o direito de agir com o ônus da prova.

Isto conduziria à opressão da maioria, ao menos em tese, mas ao dissidente é dado o direito de provar que as condições aprovadas pela maioria lhes eram prejudiciais, fazendo-o em juízo (arts. 215, § 2º, e 216, § 2º).

Com isto, afirma-se o princípio da maioria e, depois, impõem-se os ônus da prova em juízo à minoria. De qualquer forma, enseja-se a irresignação. Claro, se o dissidente pudesse ser havido como hipossuficiente até se examinaria a questão da inversão do ônus da prova, o que não se afigura viável aqui.

Com o que se assegura o direito à partilha, com riscos à insatisfação.

A uma primeira vista, sacrifica-se o minoritário, mas apenas quanto ao procedimento.

3.3. Fiscalização

Como já foi feito antes, incumbe a colocação do tema antes de mais nada.

Deste modo, é bem de ver que em todas as sociedades mercantis é direito do sócio, ou quando aquele exigir, ou quando o contrato estabelecer, fiscalizar, inclusive exigindo a apresentação de livros e mais documentos, na forma do Código Comercial, art. 290, sendo, como contrapartida, dever da administração prestar contas, segundo o Código Civil, art. 293, não incidindo aí a vedação do art. 17 e tendo cabida a aplicação do art. 18, até em razão da remissão efetuada pelo Código de Processo Civil, art. 381, com a eficácia do Código Comercial, art. 23, ou do Código de Processo Civil, artigos 378 e 379. E o Novo Código Civil, cumprida a *vacatio*, artigo 1020, seguiu este sistema.

Isto se estende às Sociedades por Quotas de Responsabilidade Limitada, qualquer que seja a orientação que se tome sobre o Decreto nº 3.708, art. 18, mesmo porque as Limitadas são sociedades, no mais das vezes comerciais, não se esquecendo aqui do permissivo do Código Civil, art. 1364, com remessa ao Código Comercial, assente aqui que aquele só vigerá durante a *vacatio legis* do Novo Código Civil, sancionado em janeiro de 2002.

Claro, sendo o contrato o diploma básico, nele, sem que se possa nunca vedar ao sócio o exame dos livros, pode-se estabelecer época para que tais exames se dêem de vez que impende considerar que tal fiscalização feita de modo inoportuno pode trazer danos à sociedade e enseja o desvelamento de informações confidenciais a sócios que estejam mal intencionados.

Nas Companhias, tal direito é reconhecido e havido como essencial segundo a Lei nº 6.404, art. 109, III.

De novo, constata-se a pouca dedicação ao tema por parte da bibliografia que pouco se estende sobre o ponto, quer quando cogita da Teoria Geral das Sociedades, quer quando examina as sociedades em espécie, incluídas aí as Sociedades Anônimas.

Não se trata, diga-se, aliás de novo, de crítica, mas de constatação.

Direitos Essenciais dos Acionistas

Mais específico foi Modesto Carvalhosa, nos Comentários à Lei das Sociedades Anônimas.[76] Porém, aí é de dever sinalizar-se que se trata de obra de fôlego.

Pelo que, com algum garimpo, tem de se ver como a questão é tratada legalmente, com alguma sistematização.

Há nas Companhias uma possibilidade de fiscalização direta, através dos acionistas.

Antes há a previsão da Lei nº 6.404, art. 105, sobre os exames dos livros, desde que haja "fundada suspeita" de "graves irregularidades".

O entendimento da Jurisprudência vai ao encontro do que está sendo afirmado aqui.[77]

Depois há aquela que se dá na Assembléia Geral, onde são tomadas as contas dos administradores, segun-

---

[76] Carvalhosa, Modesto. *Comentários à Lei das S/A*. v. II, São Paulo, Saraiva, 1997.

[77] Eizirik, Nelson, *Sociedades Anônimas, Jurisprudência*, Renovar, 1996, e Miranda Júnior, Darcy Arruda, *Dicionário Jurisprudencial das Sociedades Anônimas*, Saraiva, 1990, colacionam vários arestos sobre o tema: 1) A exibição de livros de sociedade anônima escapa às normas do Código Comercial, por isso que é regida por lei especial. Assim, somente observados os princípios por esta firmados, poderá ser concedida (Ac. da 2ª Câm. Civ. do TJDF, Agl 4.511, conf. pelo Ac. da 1ª T. do STF, de 14-1-1954, no RE 24.911, Rel. Min. Ribeiro da Costa (Miranda Júnior, 436); 2) Sociedade Anônima – Acionista – Direito de examinar em Juízo livros e documentos – Requisitos do artigo 105 da Lei nº 6.404, de 1976, preenchidos – Desnecessidade de prova imediata da prática de atos violadores da lei ou dos estatutos, bastando uma especificação clara de tais suspeitas – Legitimidade – Preliminar rejeitada. Medida cautelar – Exibição de livros e documentos – Falta de indicação da lide principal – Irrelevância – Propositura desta que fica na dependência do resultado da exibição – Recursos não providos. Apelação nº 95.089-1 – São Paulo – Apelantes: Elevadores Real S.A. e outro – Apelado: Espólio de José Fiorante, representado por sua inventariante. Apelação Cível nº 94.089-1 - São Paulo; 3) Sociedade Anônima – Acionista minoritário – Declaração do direito de fiscalização dos negócios sociais – Possibilidade jurídica do pedido – Carência Afastada – Recurso provido para este fim. É cabível o pedido declaratório de existência do direito de fiscalizar os negócios sociais, mediante exigibilidade de certos atos e a da correlata obrigação da ré de os praticar. Cabe ao Magistrado analisar a existência, ou não, do direito afirmado e, em caso positivo, em que limites quais os atos que pode exigir da sociedade. Apelante: Alexandre Beldi Netto. Apelada: Cobesca Manchester Atacadista de Produtos Farmacêuticos S.A. Apelação -Cível nº 175.507-1 – Campinas – São Paulo. Do mesmo modo, Paulo de Moreira Messina; Paula A. Forgioni. *Sociedades Anônimas, Jurisprudência, Casos e Comentários*, Revista dos Tribunais, 1999, p. 378, trazem Acórdão do T.J.SP, de nº 261.629 –1, sufragando idêntico sentir.

do a Lei nº 6.404, art. 122, III, na verdade a AGO, conforme o art. 132, I. Certo, antes, em razão do encerramento do exercício social (art. 176), e com base na escrituração (também, art. 176) terão sido levantadas as demonstrações financeiras, incluído aí o projeto de Balanço Patrimonial (que, aprovado, deixará de ser "projeto") e observando tais levantamentos os "princípios de contabilidade geralmente aceitos" (art. 177) e as normas da Comissão de Valores Mobiliários, no caso de Companhia Aberta. Serão elas publicadas (art. 176, § 1º), obedecido o art. 289. Isto acaba dando concretude ao disposto na lei (art. 105). As demonstrações financeiras são padronizadas, isto é, são dispostas, segundo a Lei nº 6.404, inclusive com as emendas da Lei nº 10.303, de 31 de outubro. E a Escrituração deverá atender aos "princípios de contabilidade geralmente aceitos" (art. 177).[78] Tudo em afinidade com o sistema posto antes no Código Comercial, arts. 10 e 14, e no Código Civil, art. 1183.

Isto enseja, de começo, a fiscalização. Até porque documentos são firmados por profissionais habilitados.E pode haver a restrição ou desaprovação (art. 133, § 4º).Isto quanto a esta modalidade de fiscalização.

Certo, desimpende referir que a deliberação da Assembléia Geral sobre as demonstrações financeiras operará efeitos sobre as distribuição de lucros, segundo o art. 202, § 3º.

Do mesmo modo, está-se desobrigado de referir que a Assembléia Geral, nas CCFF, pode ser convocada por acionistas que representem 5% (cinco por cento) do Capital Social (art. 124, § 3º), ou mais genericamente, na hipótese do art. 123, parágrafo único, d, relativamente à instalação do Conselho Fiscal.

Porém, a fiscalização também é exercida indiretamente.

---

[78] O projeto de Lei que veio a se tornar a Lei nº 10.303, de 31 de outubro de 2001, ainda previa a instituição de um "Comitê de Padrões Contábeis", mas houve Veto Presidencial ao art. 27-A.

Direitos Essenciais dos Acionistas

Antes, e internamente, através do Conselho Fiscal, órgão da Companhia, com funcionamento permanente ou não, e que: a) tem como atribuição a fiscalização dos atos dos administradores (art. 163, I), inclusive com o dever de convocar a Assembléia Geral nas hipóteses previstas em lei (art. 163, V), devendo também se reportar aos acionistas (visto o limite: 5 % - cinco por cento – na forma do art. 163, § 6º), e que b) constituir-se-á com azo a que minoritários participem (art. 161, § 4º, *a*; 10% - dez por cento), se fechada e se aberta (art. 161, § 5º), os minoritários, titulares de ações preferenciais e/ou ordinários, incluído aí o controlador, elegerão necessariamente um membro, sendo outro eleito pelo controlador e o terceiro, ausente acordo, por eleição em que os votos independerão de espécie ou classe.

Depois, e externamente, por Auditores Independentes (art. 177, § 3º), (cap. 2).

Estes, os Auditores Independentes, registram-se na Comissão de Valores Mobiliários (cap. 7; 7.4), podendo ser o contador pessoa física ou a Sociedade Civil, profissional, inscritor dos Conselhos Regionais de Contabilidade, incumbindo-lhes cumprir e fazer cumprir as normas daquela Autarquia e verificar se as demonstrações contábeis a eles submetidas e por eles auditadas estão em boa ordem, além de outros encargos enumerados na Instrução CVM nº 308, de 14 de maio de 1999.

No Capítulo 5, em especial 5.4, quando se examina a questão do Conselho Fiscal, cuida-se da especificação do tema.

3.4. Preferência

Como já referido antes, e em mais de uma vez, as Companhias, sobretudo aos fins de capitalização, evitando tomar empréstimos junto às chamadas Instituições Financeiras, a saber, os bancos, posto que os encargos, em especial os juros, praticados, por certo não são agradáveis, emitem Valores Mobiliários.

Tais Valores Mobiliários, a uma, constituirão títulos de crédito ou de outros direitos *vis a vis* a Companhia. A duas, restrito o exame ao que está na Lei nº 6.404, ter-se-ão Ações, Partes Beneficiárias, Debêntures e Bônus de Subscrição a materializá-los. A três, escapando tais questões ao proposto aqui desde sempre, ficam de fora de qualquer exame os chamados "derivativos", ou seja, aqueles títulos ou valores que derivam dos primeiros e sobre o que há farta negociação no Mercado de Capitais, com um conjunto muito rico de operações e/ou contratos, nos Mercados Futuros. Destaque-se tãosomente que, como é sabido, tais operações não pertinem somente aos Valores Mobiliários emissão das Companhias, atingindo também outros ativos como moedas estrangeiras e outras *commodities*.[79]

As ações já foram vistas. Dessa forma, têm-se títulos e valores outros.

Antes, as Partes Beneficiárias que, para se deixar expressa uma idéia, são títulos negociáveis, sem valor nominal, estranhos ao Capital Social e que conferem aos seus titulares direito a crédito eventual, consistindo este em participação nos lucros anuais, e são emitidos com limites e restrições. Ao contrário das ações, como visto antes e presentes os termos da Lei nº 6.404, art. 24, que podem ser escriturais, as Partes Beneficiárias são materializadas em certificados e são nominativas.

Saliente-se que são negociáveis e podem ser gravadas com ônus e que se subordinam à ordem de prioridade; disposta no artigo 190 a sua quantificação.

---

[79] À guisa de curiosidade, e a respeito da alta volatilidade das operações e para marcar bem o caráter especulativo, o Mercado contempla a situação em que várias operações de compra e recompra de determinados ativos são celebradas no mesmo dia, entre as mesmas partes, chamadas as mesmas de operações "Zé com Zé" na gíria bursátil. Deve-se outro trabalho, em que o foco seja o Mercado e suas operações, inclusive o "contrato de *fica*" do interior paulista.

Direitos Essenciais dos Acionistas

Poderão ser conversíveis em ações (art. 48, § 2º), caso em que terá de haver, corolário lógico, um aumento de Capital Social, seguindo a Lei nº 6.404, art. 166, III.

Mas às Companhias Abertas é vedada a emissão de Partes Beneficiarias.

Depois, as Debêntures.

São elas títulos de crédito contra a Companhia, crédito este que consistirá em juros, fixos ou variáveis, participação no lucro e prêmio de reembolso.

A *vol d'oiseau*, classificam-se como simples ou conversíveis, estas objeto do art. 109, IV, e têm garantias que são ou garantias reais ou garantias flutuantes.

Supõem limites para sua emissão, que é deliberada por Assembléia Geral.

Formalizam-se em escritura, no caso ato escrito, não sendo necessariamente "Escritura Pública" e com a inscrição no Registro de Comércio e são expedidos certificados, inclusive títulos múltiplos.

Exige-se o Agente Fiduciário, normalmente uma Instituição Financeira e os tomadores, os debenturistas, deliberam em assembléia. Na verdade, a Instrução CVM nº 28, de 23 de novembro de 1983, explicitou o regramento dos Agentes Fiduciários, dizendo do que poderia ser ou não investido, suas incompatibilidades e restrições, seus deveres, em especial o de proteger os direitos e interesses dos debenturistas, inclusive um caso de inadimplemento da parte da Companhia.

Tudo fica devidamente registrado nos Livros Mercantis da Companhia (Lei nº 6.404, art. 100, combinado com os artigos 72, *a*, 27 e 109, feita aí a escrituração pelo Agente Emissor).

E há, por fim, os Bônus de Subscrição.

Trata-se de títulos que conferem aos seus titulares direito à subscrição de ações do Capital Social, emitidos de forma nominativa e supondo a emissão de certificado.

Claro, exercido o direito, observada a condição do art. 79, V, o titular deverá pagar o preço de emissão das ações.

É também certo que o Direito de Preferência aqui examinado com base no art. 109, IV, igualmente sofre temperamentos.

Se o art. 171 reafirma-o, o art. 172 menciona a possibilidade de sua exclusão desde que: a) seja Companhia Aberta; e b) os Valores Mobiliários sejam vendidos em Bolsa ou outra forma de subscrição pública; ou c) incida o art. 171, II, em concurso com os arts. 257 a 263 e se esteja diante de oferta pública aos fins de aquisição de controle.[80]

Por isso, ainda que esteja insculpido no rol do art. 109, embora reconheça-se seja "direito individual", sua intangibilidade é relativa, como acentua Carvalhosa;[81] no que as Cortes estão de acordo.[82]

Há uma gama de outros Valores Mobiliários, enunciados na Lei nº 6.385, de 7 de dezembro de 1976, com a redação da Lei nº 10.303, de 31 de outubro de 2001, artigo 2º, destacando-se aqui, tão-só, porque citados acima, os contratos futuros de opções e outros derivativos cujos ativos subjacentes sejam valores mobiliários, ou, mesmo, outros contratos derivativos, independentemente dos ativos subjacentes, reafirmando-se que estes derivativos não excluem, no mercado em sentido largo, aqueles assim chamados e que têm como base as *commodities*.

---

[80] Nos ditos processos de privatização das chamadas "empresas-estatais", para o bem ou para o mal, a engenharia jurídica cuidou de a) tê-las como S/A e como Companhias Abertas; e b) efetuar a venda das ações que asseguravam o controle de acordo com estes princípios legais.

[81] Carvalhosa, Modesto, *op. cit.*, 2, p. 307.

[82] Eizirik, Nelson, *Sociedades Anônimas, Jurisprudência*, p. 200: "Sociedade Anônima. Aumento de capital. Preferência. O direito do acionista é certo e intangível à preferência para a subscrição de aumento de capital. Mas é limitado pela proporcionalidade e se esgota com o decurso do prazo em que se deve exercer. Levar a preferência além do seu raio de ação, para alcançar situação diferente, importa ampliar o privilégio legal" (STF, RE 14.469, Rel. Laudo de Camargo, 18-4-1949, RF 124/391). Trata-se de trecho de Acórdão do STF, pois, inserido no Recurso Especial nº 1, São Paulo, julgado Superior Tribunal de Justiça logo que instalado.

Direitos Essenciais dos Acionistas

3.5. Retirada

As Sociedades Comerciais, em geral, e as Companhias, em especial, contemplam a possibilidade de que seus integrantes venham a se afastar delas.

No amplo espectro das sociedades, incluídas aquelas regidas pelo Código Comercial e mais as Sociedades por Quotas de Responsabilidade Limitada, regidas pelo Decreto nº 3.708, de 1919, além da questão da exclusão como contraponto do inadimplemento de obrigações sociais, como o pagamento das parcelas relativas às participações societárias, conforme o diploma de 1850, arts. 287 e 289, ou do estatuto das limitadas, art. 7º, há a possibilidade de vir o sócio a delas se retirar. O Novo Código Civil, artigos 1029 e 1077, cuidou da questão da mesma forma.

Não se estaria diante da questão examinada supra, item 4.2, pois não se está, agora, cogitando de dissolução total.

Trata-se de Dissolução Parcial, onde, no que concerne ao seu dispositivo legal, no âmbito das Companhias, a regra vem com o artigo 109, V.

O mesmo é, apenas, uma espécie de plataforma de lançamento e, tendo-o como base, a lei, traz um conjunto de situações que serve de suporte para o exercício deste direito.

Seguindo-se a mesma linha de desenvolvimento, cogitar-se-á de sua caracterização e seu fundamento, explicitar-se-ão, algumas situações em que isto é concretizado, *id est*, em que a pretensão à retirada é cabível e ter-se-á em conta alguma similitude com a legislação forânea.

Trata-se, tal Direito de Retirada, de concretização do que está sistemicamente posto, ou porque, como Rubens Requião quer, seja[83] um princípio (aquele de que o sócio não é prisioneiro da sociedade), ou, até, porque o ordenamento maior vem a prever que "ninguém poderá

---

[83] Requião, Rubens. *Curso de Direito Comercial.* p. 141.

ser compelido a associar-se ou a permanecer associado" (CF/88, 5º, XX). E o sistema, ou microssistema infraconstitucional obedeceu, eis que, logo, se terá que o Novo Código Civil, artigo 1029, regerá estes aspectos. Na realidade, e rapidamente, veja-se que, a uma, o contexto socioeconômico contempla a idéia de empreendimentos tocados coletivamente, e já se viu que as Sociedades Comerciais em geral, e as Companhias em particular estão a representar o melhor êxito aí, ensejando a obtenção de resultados, e que, a duas, o contexto jurídico-institucional se desenvolveu a fim de suportar isto, criando emulações à atividade consorciada, como a limitação das responsabilidades individuais, contudo, e principalmente a fim de estimular sua realização, o sistema (ou microssistema) não poderia deixar de contemplar o término da atividade ou de referir o afastamento dele por parte do associado.

Claro, há formas e tempo. Advertir-se-ia, *modus in rebus*. Pelo que, desde logo, afastam-se duas situações.

A primeira seria relativa às Sociedades Comerciais constituídas por tempo certo ou com contrato com prazo determinado. A segunda seria alusiva à retirada consensual, seja nas sociedades constituídas por prazo determinado e no curso do prazo, seja naquelas com prazo indeterminado, porquanto aí convergem a vontade do que se retira com as das que compõem a maioria e permanecem. Aliás, já se mencionaram acima tais situações.

Do mesmo modo, não se está a falar na situação do quotista da Sociedade por Quotas de Responsabilidade Limitada na qual, por disposição expressa do Contrato Social, há a livre cessibilidade das quotas e o ensejo à venda das mesmas, ou mesmo, na omissão deste (Novo Código Civil, artigo 1057).

Ainda, e no caso das Sociedades Anônimas, objeto da preocupação do trabalho, não se está referindo a possibilidade de que o acionista, mesmo que jungido ao disposto na Lei nº 6.404, art. 36, venha a vender suas

Direitos Essenciais dos Acionistas

ações e, vendendo-as, ou a outro acionista, ou a terceiro estranho, se despeça da sociedade.

Neste caso, agirá a seu nuto e submeter-se-á ao que o mercado dispuser, em especial sobre o preço que obterá.

Não é disto que se fala, pois.

Está-se a querer trazer a exame um outro aspecto. Ou seja, aquele quadro em que o sócio, em geral, e o acionista, em particular, têm direito a se retirar da sociedade e a, principalmente, receber desta o pagamento daquilo que lhe cabe, em proporção à sua participação na sociedade em dissolução parcial.

Vale dizer, aqui, em razão de, diria Pontes de Miranda, e é desnecessário referir-se onde e quando posto que iterativo, "suporte fático suficiente" exsurgir o direito e a pretensão à retirada e/ou recesso, com o reembolso.

Nas limitadas, tais direito e pretensão vêm consagrados no Decreto nº 3708, art. 15, e aí se enseja ao quotista que divergir da alteração de contrato que venha a ser promovido por deliberação da maioria a possibilidade de despedir-se com o reembolso que será quantificado em "Apuração de Haveres". Quer-se dizer, através de apuração contábil, seja a do último Balanço, seja daquele que tiver de ser levantado especialmente para tal. O Novo Código Civil, artigo 1077, cogita do direito de recesso, harmonizando-se com o artigo 1029, e dispondo o artigo 1031 sobre a liquidação das quotas.

Nas Sociedades Anônimas, o direito e a pretensão da Lei nº 6.404, art. 109, V, vêm materializados no artigo 137, com remissão aos artigos 136 e 45, aquele referindo quando e onde há o azo à retirada, e este fixando parâmetros e referência para a avaliação de preço das ações do retirante.

Então, incumbe trazer à lembrança relação posta por Modesto Carvalhosa[84] nos seus Comentários, não

---

[84] Carvalhosa, Modesto. *Comentários à Lei das Sociedades Anônimas*. v. II, São Paulo, Saraiva, 1997, p. 738.

somada, mas ajustada à obra de Fábio Ulhoa Coelho,[85] no seu curso.

[85] Coelho, Fábio Ulhoa. *Curso de Direito Comercial.* v. II. Ed. São Paulo, Saraiva, p. 294-6; "Na sociedade anônima, a lei desestimula o desligamento do acionista por via do exercício do direito de retirada. Essa alternativa não se abre pela simples divergência em relação a qualquer decisão da assembléia geral. Aliás, ainda que importe alteração estatuária, a deliberação assemblear não justifica o recesso em todos os casos. Ao contrário, somente nas hipóteses específica e expressamente contempladas na lei da discordância do acionista em relação ao deliberado pela maioria votante gera o direito de retirada. A primeira hipótese de recesso é a de criação de ações preferenciais ou aumento de classes existentes, se há desproporção com as demais espécies e classes (arts. 136 e 137). Quando a companhia decide, para captar recursos, emitir apenas ações preferenciais, os ordinarialistas têm os seus interesses prejudicados, na medida em que a vantagem pecuniária a ser conferida aos titulares dessas novas ações consumirá recursos que seriam, de outro modo, destinados ao pagamento de dividendos aos demais acionistas. O mesmo prejuízo potencial se verifica quando alterada, com o aumento de capital social, a relação proporcional entre as espécies e classes de ações. Se emitidas mais ações preferenciais do que ordinárias, proporcionalmente ao número das existentes, o cumprimento das vantagens compromissadas aos preferencialistas alterará a distribuição da parcela dos lucros destinada à distribuição entre os acionistas. Por esse razão, a menos que a companhia respeite o mesmo percentual das espécies de ações emitidas, a criação de preferencialietas desatende os interesses dos titulares de ordinárias, e, eventualmente, de outras preferenciais. Estes terão, assim, direito de retirada. Os preferencialistas não prejudicados pela operação, ainda que dissidentes, não titularizam o mesmo direito (art. 137, I). Por fim, ressalva a lei a hipótese de previsão estatuária preexistente ao ingresso do acionista na companhia, dispositivo que inibe o recesso. Segunda, a alteração nas preferências, vantagens e condições de resgate ou amortização de uma ou mais classes de ações preferenciais, ou criação de classe mais favorecida. A mudança nos direitos titularizados pelos preferencialistas, por certo, pode importar prejuízo aos seus interesses. Se, ao ingressar na sociedade, contavam com determinado patamar de dividendo mínimo, e o estatuto é alterado para reduzi-lo, é claro que a alteração lhes será prejudicial. Em qualquer hipótese, o acionista deve mostrar que a deliberação da assembléia geral causou-lhe redução das perspectivas de retorno do investimento; esse efeito é condição para o exercício do direto de retirada (art. 137, I). É oportuno anotar que a deliberação da sociedade anônima, nessas duas primeiras hipóteses de recesso, depende da aprovação da mudança estatuária em *duas* instâncias: a assembléia geral extraordinária e a assembléia especial dos prefencialistas prejudicados (art. 136, § 1º). Terceira, a redução do dividendo obrigatório. Essa decisão assemblear acarreta alteração estatuária prejudicial a todos os acionistas, independentemente da espécie ou classe de ação que titularizam (arts. 136, III, e 137). Os dissidentes podem, assim, mesmo sem demonstrar especificamente a redução das perspectivas de retorno de seus investimentos, retirar-se da companhia. Quarta, fusão da companhia, sua incorporação em outra ou a participação em grupo de sociedades (art. 136, IV, e V). Se a assembléia geral aprova quaisquer dessas matérias, o acionista que discorda da nova condição da sociedade anônima pode dela se retirar. Não há direito de recesso, contudo, se a companhia é *aberta*, e o acionista pode facilmente negociar as ações

Direitos Essenciais dos Acionistas

no mercado de capitais. A lei obsta a retirada ao titular de ações com boa liquidez (cuja cotação integra índice admitido à negociação em bolsas de futuro) ou dispersas (se o controlador é titular de menos da metade das ações emitidas), entendendo que o acionista pode desligar-se do vínculo societário sem desinvestir recursos alocados na empresa (art. 137, § 2º). Sendo fechada a companhia, ou não se revestindo as ações da aberta das características de liquidez e dispersão, o dissidente terá direito à retirada e ao reembolso. Quinta, a mudança do objeto da companhia. Ao ampliar, restringir ou alterar por completo as atividades que compõe o objeto social, a assembléia dá ensejo à retirada dos acionistas que discordam da novidade, independentemente da espécie ou classe de ações que titularizam ou mesmo da demonstração de prejuízo direto (art. 136, VI). Uma exceção deve ser registrada: não justificam o recesso as mudanças que objetivem ajustar a sociedade anônima a novas condições de concorrência, principalmente as relacionadas à revolução tecnológica ou hábitos de consumo, desde que não comprometam o objeto essencial previsto em estatuto. Sexta, a transformação da sociedade anônima em limitada. A lei condiciona a operação à concordância de todos os acionistas, de modo que em princípio, não há lugar para divergência. Se um acionista discorda, não se opera a transformação do tipo societário. Há entretanto, uma situação em que alei dispensa a unanimidade – a autorização estatuária –, e nesse caso o acionista dissidente da transformação pode, se não renunciou ao direito, retirar-se da sociedade (art. 221). Sétima, operações societárias de que resulte fechamento da companhia. Essa hipótese de recesso, claro, é exclusiva dos acionistas de sociedade anônima aberta. Ocorrendo a incorporação, fusão ou cisão que envolva companhia dessa natureza, prevê a lei que as sociedades sucessoras serão igualmente abertas. É a forma de assegurar ao acionista a continuidade do acesso ao mercado de capitais, relativamente ao investimento realizado. Se a incorporadora, a resultante da fusão ou a sociedade para a qual foram vertidos bens da cindida forem fechadas, os administradores devem diligenciar para que, no prazo de 120 dias da assembléia que aprovou a operação, estejam as ações admitidas à negociação em bolsa ou mercado de balcão. Não se verificando a admissão, os acionistas têm direito de retirada (art. 223). Oitava, a incorporação de ações. Trata-se da operação pela qual uma sociedade anônima se torna subsidiária integral de outra. Viabiliza-se pelo aumento de capital social da incorporadora, com emissão de novas ações, que serão subscritas em nome dos acionistas da futura subsidiária (a sociedade cujas ações são incorporadas), ao mesmo tempo em que se transfere a titularidade da primeira toda a participação societária representativa do capital social desta última. Tanto os acionistas da incorporadora de ações como os da sociedade cujas ações são incorporadas têm direito de recesso (art. 252). Também em relação a essa hipótese a lei nega o direito de retirada se há condições de o acionista facilmente negociar suas ações no mercado de capital. Quer dizer, se a ação da sociedade incorporadora de ações – titularizada desde antes da operação, ou atribuída, em razão desta, ao antigo sócio da subsidiária integral – possui boa liquidez ou dispersão, o dissidente não tem direito de retirada. Nona, a transferência de controle acionário para o Poder Público, em razão de desapropriação. Se a sociedade anônima não é de economia mista (quer dizer, não se encontra sob o controle direto ou indireto da União, Estado ou Município), e se torna uma entidade dessa categoria, em razão da desapropriação das ações do controlador, os demais acionistas têm direito de retirada, exercitável nos 60 dias seguintes à publicação da ata da primeira assembléia geral seguinte à opera-

Enumerou Carvalhosa: "1) criação de classes de ações preferenciais ou aumento de classe existente sem guardar proporção com as demais, salvo se já previstas ou autorizadas pelo estatuto (art. 136, inalterado); 2) alterações nas preferências, vantagens e condições de resgate ou amortização de uma ou mais classes de ações preferenciais ou criação de nova classe mais favorecida (art. 136, inalterado); 3) redução do dividendo obrigatório (art.136, inalterado apenas quanto ao termo 'alteração' para 'redução'); 4) mudança do objeto da companhia (art. 136, VI); 5) fusão da companhia ou sua incorporação em outra (arts. 136, VI, 223, 225 e 230, com as alterações da Lei nº 9.457, de 1997); 6) incorporação de companhia controlada ou sua fusão (art. 264, com alterações da Lei nº 9.457, de 1997); 7) cisão de companhia aberta, se não forem também abertas as resultantes da cisão (art. 264, § 3º, com alterações da Lei nº 9.457, de 1997); 8) incorporação de todas as ações da companhia para constituição de subsidiária integral (art. 252, com alterações da Lei nº 9.457, de 1997); 9) participação da companhia em grupo de sociedades (arts. 265 e 270, com alterações da Lei nº 9.457, de 1997); 10) transformação da companhia (arts. 221 e 298, III, inalterados); 11) desapropriação de ações de controle de companhia, nos termos e para os fins previstos no art. 256 (inalterados); 12) aquisição, por companhia aberta, do controle de sociedade mercantil, nos termos do art. 256, § 2º, com alterações da Lei nº 9.457, de 1997."

O reconhecimento do Direito de Retirada e/ou Recesso, além de, então, permitir ao acionista seu afastamento da Companhia, o que seria atingido, como visto, também, pela venda das ações, opera seu ressarcimento e deriva da percepção de que não fora assim não se equilibrariam as posições e não se fortaleceria a sugestão sistêmica ao consorciamento.

ção (art. 236, parágrafo único). Essa é a única hipótese legal de recesso não relacionada a divergência quanto à deliberação assemblear, mas à mudança da condição da companhia".

Direitos Essenciais dos Acionistas

Com efeito, a um, tem-se que o mesmo (direito), internamente, é comum, o que já se disse, nas Limitadas e aqui nas Companhias. Mas lá, a só divergência é idônea à retirada com o reembolso e aqui há número fechado, há restrições, aos fins de não desequilibrar a vida econômica, financeira e administrativa da sociedade.

Contudo, a Jurisprudência até alarga situações ensejadoras do direito ao Recesso. Por exemplo, para uma Companhia Fechada, o Superior Tribunal de Justiça deu pela possibilidade de retirada de acionista em razão da ausência de distribuição de lucros,[86] isto a dois.

Trata-se, segundo Carvalhosa,[87] o direito à retirada, de preceito de ordem pública, irrenunciável. De resto, aquela renúncia aludida no art. 221 é atinente aí às sociedades outras, *v.g.*, uma Limitada, que se transforma, *rectius* muda seu tipo societário, em Companhia. Aí, pois, o fundamento, na linha da busca do equilíbrio, feita sua caracterização como anunciado antes.

No direito estrangeiro, por exemplo, no direito norte-americano, segundo o MBCA e de acordo com os já invocados antes Harry G. Henn e John R. Alexander[88] há, conforme a adaptação feita do "Código Modelo" por cada estado, do mesmo modo tanto o *right of dissent*, como restrições à sua utilização.

Ou seja, há, porquanto fundamental à materialização de princípios relativos à liberdade de associação, e

---

[86] *Revista de Direito Bancário* ano 4, nº 13, julho-setembro 2001, Revista dos Tribunais, 129. "Pelas peculiaridades da espécie, em que o elemento preponderante, quando do recrutamento dos sócios, para a constituição da sociedade anônima envolvendo pequeno grupo familiar, foi a afeição pessoal que reinava entre eles, a quebra do affectio societatis conjugada à inexistência de lucros e de distribuição de dividendos, por longos anos, pode-se constituir em elemento ensejador da dissolução parcial da sociedade, pois seria injusto manter o acionista prisioneiro da sociedade, com seu investimento improdutivo, na expressão de Rubens Requião. O princípio da sociedade e de sua utilidade social afasta a dissolução integral da sociedade anônima , conduzindo à dissolução parcial. Recurso parcialmente conhecido, mas improvido. REsp. 111.294/PR – 4ª. T. – STJ – j. 19.09.2000 – rel. p/ o acórdão Min. César Asfor Rocha – DJU 28.05.2001".

[87] Carvalhosa, Modesto. *op. cit.*, v. II, p. 310.

[88] Henn, Harry G.; Alexander, John R, *op. cit.*

isto, como se viu, é comum às várias legislações e aos diversos sistemas, com mais ou menos extensão, o Direito de Recesso. E há ponderações ao seu exercício.

E exercido este, com amparo legal, assim como nas Limitadas há a "Apuração de Haveres" (Decreto nº 3708, art. 15), aos fins do reembolso, aqui nas Companhias há uma forma de levantamento ou liquidação aos efeitos de pagamento ao acionista dissidente do que lhe é devido.

Ao se retirar da Companhia, em razão de arrimo legal, e para que se apure o valor das ações – repare-se, já aqui a lei não fala no preço, mas no "valor" – a Lei nº 6.404, art. 45, traçou diretrizes e critérios.

Em princípio seria o correspondente ao Patrimônio Líquido, evidente que proporcionalmente, e encontrado segundo o art. 182, vale dizer, feitas as operações com o lançamento no Passivo e compreendendo o Capital Social mais Receitas e, ainda, outras rubricas. Mas a lei, no caso a Lei nº 6.404, art. 45, com a redação emprestada agora pela Lei nº 9.457, de 5 de maio de 1997, contemplou a hipótese de pagar-se o acionista pelo valor econômico da empresa.[89]

De qualquer modo, o valor citado não pode prejudicar o acionista que se retira, conforme assentam os Tribunais.[90]

---

[89] Aí abrir-se-ia uma questão por demais instigante, encaminhando pontos que são olvidados pelos juristas. Nenhum dos autores com que se está a trabalhar, examinados através de pesquisa bibliográfica, como comum em trabalhos como o presente, mesmo aqueles que têm obra alentada como Modesto Carvalhosa, cujos Comentários são desenvolvidos em quatro volumes, cuidou de explicitar o que seria o "valor econômico da empresa". Outros o fizeram. Por exemplo, na literatura brasileira, Raimundo Alelaf Neiva em Valor de Mercado da Empresa e fora, Tom Copeland, Tim Koller e Jack Murrin, com sua Avaliação de Empresas, Valuation no original, debruçaram-se sobre o tema. No particular, encaminharam pontos extremamente controvertidos como o atinente aos "intangíveis", que, para a área extrajurídica, corresponderia ao Fundo de Comércio. A questão, por certo, não é o foco do presente, mas é suscitada porquanto será atinente ao que terá de ser apurado para o pagamento do que o acionista que se retirar deve receber.

[90] Superior Tribunal de Justiça. Terceira Turma. Recurso Especial nº 51.655-RJ. Relator Designado Ministro Nilson Naves. RSTJ nº 95, pp. 214-233. DJ de 3/3/1997. "Ementa: Sociedade anônima. Direito de retirada. Valor das ações. Forma de pagamento. Não é juridicamente aceitável, nem moralmente justificável, seja o acionista dissidente compelido a aceitar a tarefa da maioria,

Direitos Essenciais dos Acionistas

É necessário que se saliente que as restrições ao Recesso, aqui, nas Companhias, não são quanto ao "suporte fático", apenas.

Há, ainda, limites temporais, dispondo o art. 137, § 4º, sobre a decadência do direito não exercido no prazo do inciso III, contado na forma do inciso IV, ou seja, de trinta dias da data da publicação da ata da Assembléia Geral.

Porque a ausência de medida poderá descapitalizar a companhia e, ao fim e ao cabo, impossibilitar o mesmo reembolso devido.

Assim, grosso modo e/ou a vôo de pássaro a descrição da questão.

---

mormente em se tratando de oferta irrisória. 'Se o direito de recesso for exercido numa situação de absoluta iniqüidade, como referido nos autos, não há o exercício desse direito, senão na abstração da fórmula'. Em tal aspecto, o acórdão recorrido não ofendeu o art. 137 da Lei nº 6.404/76, ao assim decidir: 'Ponto sensível é o modus faciendi quanto à paga do valor da ação, decorrente do recesso, certo que este, por representar mensuráveis interesses econômicos, para ser justo, evitando o enriquecimento da sociedade, assim beneficiando a maioria, com empobrecimento dos retirantes, a minoria, há de corresponder aos valores do patrimônio societário próximos, tanto quanto possível, do real, e não do histórico, quando não meramente simbólicos, constantes dos lançamentos contábeis'. Recurso especial não reconhecido." Paraíso, Anna Luiza Prisco. *O Direto de Retirada na Sociedade Anônima*, 2ª ed. Lúmen Júris, 2000, p. 219.

4. Voto

4.1. Considerações iniciais

Há dois pontos basilares. A "um", o Direito de Voto não está insculpido entre os chamados Direitos Essenciais, como avistado no capítulo anterior, de número 3, tendo em conta Lei nº 6.404, art. 109 e seus cinco incisos. A "dois", a verificação concreta de que o disposto na lei de regência está afinado com o sistema societário, talvez microssistema, tem apresentado, inclusive fora.

De fato, e começando pela base, o velho Código Comercial, que, aliás, está por ser, quanto à sua primeira parte, substituído pelo Novo Código Civil, que, no ponto, virá a unificar o Direito Privado, já dispunha que todos os negócios sociais se decidiriam pelo voto da maioria, tomada em conta a participação no Capital Social. E o Código Civil ainda em vigor assenta que todos os sócios têm direito de votar, conforme seu artigo 1.394, o que é correto para o caso das sociedades civis. No entanto, estes diplomas já entrevêem a possibilidade de se dispor que a decisão se dê através de maioria qualificada. Na mesma linha, o Novo Código Civil, sancionado da forma como veio a ser aprovado pelo Congresso Nacional, estabelece(rá) que, se e quando competir aos sócios decidir sobre os negócios sociais, as deliberações serão tomadas em votação, prevalecendo a maioria, conforme os artigos 1.010 e 1.072, este no caso das limitadas.

Direitos Essenciais dos Acionistas

Isto se dá desta forma, pois que, em realidade "o voto é uma manifestação unilateral de vontade, tendente a produzir uma decisão coletiva", segundo Tavares Borba.[91] Ou como ensina Pinto Furtado, "o voto é a célula primária do tecido deliberativo".[92]

Aliás, e *in verbis*, como ensina Waldemar Ferreira: "Não é o direito de voto de exercício monossilábico, pelo sim ou pelo não" e "para que realmente se exercite, nele se compreendem: a) o (direito) de ingresso e presença na Assembléia Geral; b) o da palavra; c) o de preposição; d) o de protesto; e) o de pedido de informações à mesa, por via de questões de ordem, ou à diretoria sobre a matéria da ordem do dia; e f) o da expressão do voto, verbalmente ou por escrito".[93]

Ou seja, o direito de voto é reconhecido ao acionista para que o mesmo, na Assembléia Geral, com a sua qualidade de sócio, manifestando-se, contribua para a constituição da vontade societária.

Mas, ao fazê-lo, pautar-se-á pelos parâmetros da Lei nº 6.404, art. 105. Quer dizer, exercerá o direito de voto no interesse da Companhia, dispondo a lei sobre como e quando o voto será considerado abusivo. Num primeiro momento, ter-se-á como tal aquele exercido com o fim de causar dano à companhia ou aos outros acionistas.

Modesto Carvalhosa flagrou a possibilidade de se inquinar de subjetividade a configuração da tipicidade do voto abusivo, mas menciona que a intenção deve ser reconhecida desde que a "deliberação vise a alcançar fins que repugnam o sentimento político".[94]

E a lei mesma cuida de explicitar circunstâncias e situações que caracterizam voto abusivo e estabelece então o dever de abstenção. Assim, não votará nos casos,

---

[91] Tavares Borba, José Edwaldo. *Direito Societário*, 5ª ed. Renovar, 1999, p. 303.

[92] Pinto Furtado. *Curso de Direito das Sociedades Comerciais*, 4ª ed. Lisboa, Almedina, 2001, p. 397.

[93] Ferreira, Waldemar. *Tratado de Direito Comercial*, 4º vol. São Paulo, Saraiva, 1961, p. 310.

[94] Carvalhosa, Modesto, *op. cit.*, v. II, 405.

ad exempla, deliberação sobre o laudo de avaliação dos bens que houver aportado para a subscrição e aquisição de ações ou com que concorrer para formação do capital social. E, ainda, delineia as conseqüências, como a de afirmar a anulabilidade da decisão assemblear que derivar do voto de acionista que tenha interesses conflitantes com os da companhia.

Em resumo, há no art. 115, o "estatuto do voto", inclusive com critérios para que se decida sobre os conflitos e com remissão à solução por arbitramento.

Daí derivam dois aspectos.

Primus, o encaminhamento da solução das questões pelo voto envia o ponto para um outro patamar. A saber, a questão da formação da maioria. Assim o Código Comercial estabeleceu em seu artigo 486[95] o critério e regrou que "os votos computam-se na proporção dos quinhões", aludindo ainda o dispositivo que, em caso de empate poder-se-ia cometer a terceiro a definição, ou seja, a solução por arbitramento.

Isto sugere que, ainda que se esteja a tratar de sociedades ditas "de pessoas", sem a intenção capitalista predominante, prevalecerá a participação no Capital Social.

Secundus, como além da singela "maioria simples" há a possibilidade de se determinar que haja a "maioria absoluta", e isto é relevante, *vis a vis* a Lei nº 6.404, art. 136, é de dever saber-se o que a mesma significa.

Significa metade dos votos, mais um.

Ou como no Novo Código Civil, tomado aqui como um vetor, ou "consolidação doutrinária", entendido isto, apenas, como a constatação, para o bem ou para o mal, de que em vários aspectos foram trazidos para o mal, de que em vários aspectos foram trazidas para seu

---

[95] Código Comercial, art. 486. Nas parcerias ou sociedades de navios, o parecer da maioria no valor dos interesses prevalece contra o da minoria nos mesmos interesses, ainda que seja representada pelo maior número de sócios e aquela por um só. Os votos computam-se na proporção dos quinhões; o menor quinhão será contado por um voto; no caso de empate decidirá a sorte, se os sócios não preferirem cometer a decisão a um terceiro.

Direitos Essenciais dos Acionistas

bojo, até, definições, é afirmado: "para a formação da maioria absoluta são necessários votos correspondentes a mais da metade do capital". Pinto Furtado, no seu Curso, aliás, fez outras distinções.[96]

Contudo, incumbe fazerem-se alusões pontuais sobre quem vota.

4.2. Legitimação

Então e antes, a questão da legitimação para o voto tem de ser enfrentada.

Vota o acionista e, em princípio (que, infra, se verá relativizado), a cada ação corresponderá um voto, na forma do art. 110, inclusive a ação em relação à companhia, segundo o art. 28. Isto significa que, em caso de condomínio, o voto correspondente será um só e exercido pelo representante do mesmo. Mas o voto também pode ser exercido através de procurador, estabelecidas as condições no art. 126. Vale dizer, o procurador poderá ser outro acionista, administrador da companhia ou advogado, com mandato outorgado há menos de um ano e com os elementos necessários. Isto, a representação, não é próprio do sistema brasileiro, apenas, ilustrativamente, o Código das Sociedades Comerciais, de Portugal, art. 54, conforme ensina Pinto Furtado,

---

[96] Pinto Furtado, Jorge Henrique, op. cit. p. 402: a) Quanto ao *número de votos em certo sentido*: 1) *Unanimidade* - todos os votos se pronunciaram no mesmo sentido; 2) *Maioria absoluta* - a que ultrapassa a expressão aritmética de verdade dos votos no mesmo sentido; 3) *Maioria relativa* – a maior maioria obtida, desde que nenhum acervo de votos conformes obteve *maioria absoluta*; 4)*Maiorias específicas* – são as concretamente exigidas em casos determinados, diferentes das anteriormente referidas. b) Quanto ao *peso específico da maioria*: 1) *Maioria simples* – a constituída para os casos de expressão corrente e vulgar, a regra geral da maioria; 2) *Maioria qualificada* – a maioria reforçada, excepcionalmente exigida em assuntos de maior importância e gravidade. c) Quanto à relação de *titularidade de voto*: 1) *Voto por cabeça (voto igualitário)* – naturalmente o que se faz corresponder a cada sócio com direito de voto (ex., art. 190- 1 CSC); 2) *Voto por fracção de capital (voto proporcional)* – o que se exprime em função da parte de capital detida pelo titular respectivo (*acção ou cada fracção de 1$00 de quota*, se não for atribuído um direito especial de 2 votos por cada 1$00 [1c] de valor nominal – art. 250- 1- 2 CSC).

também admite o voto por representação.[97] E nos Estados Unidos, além do que se contém no Model Business Corporation Act, versão 1984, e não modificado no ponto, no capítulo 7, subcapítulo B, § 7.22 que cuidou dos *Proxies*, Hamilton definiu-o como sendo, o *proxy*, "a person who is authorized by a record shareholder to vote his or her shares".[98]

Do mesmo modo, Henn e Alexander dizem que "The proxy holder is the shareholder's agent for voting purposes".[99]

Tudo porque, tanto em Portugal, como visto supra, como nos Estados Unidos, vota-se para a formação da vontade.[100]

De outro lado, o sistema legal não legitima todos os acionistas, aos efeitos do exercício do Direito de Voto, posto que, se, por um lado, atribuía a cada Ação Ordinária "um voto nas deliberações da Assembléia Geral", conforme a Lei nº 6.404, art. 110, de outro, disse que o "estatuto poderá deixar de conferir às ações preferênciais algum ou alguns dos diretos reconhecidos às ações ordinárias, inclusive o de voto, a conferí-lo com restrições" (Lei nº 6.404, art. 111).

Porém, é bem de ver que, "um", para que assim se dê, é de mister que isto se estabeleça no Estatuto Social, importando o silêncio deste no reconhecimento do Direito de Voto para os preferencialistas.

Importa saber que, "dois", para que isto ocorra é necessário que existam compensações, consoante foi examinado no cap. 4.1. Impende ainda, notar-se que, além da proporção fixada em lei, não vindo a poder

---

[97] Pinto Furtado, Jorge Henrique. *Curso das Sociedades*, 49ª ed. Lisboa, Almedina, p. 424.

[98] Hamilton, Robert W. *The Law of Corporation West Group*, 5ª ed., p. 273.

[99] Henn, Harry A.; Alexander, John R. *Laws of Corporation*, 3ª ed. West Group, p. 518.

[100] Henn e Alexander, op. cit., p. 492, não se esperava de buscar apoio em Berle e Means, como outros o fizeram, incluindo-se aí Fábio Konder Comparato, Fábio Ulhoa Coelho, Rubens Requião e este escriba, e mencionam que, ainda que sujeito a críticas, mas em razão direta, falou-se em *people's capitalism* e *shareholder democracy*.

Direitos Essenciais dos Acionistas

exceder, *vis a vis* às ordinárias, a relação metade/metade, sob a regência da Lei n° 10.303, de 31 de outubro de 2001.

Então, em primeiro lugar, tem-se que a doutrina reforça a afirmação acima feita, no sentido da explicitação da ausência do Direito de Voto para os preferencialistas.

Vejam-se Fábio Ulhoa Coelho,[101] Rubens Requião,[102] Osmar Brina Correia Lima[103] e Modesto Carvalhosa;[104] posto que, com este último, "o principio geral é o de que toda ação tem direito de voto, salvo disposição, expressa da lei" mas vendo-se que esta (a lei), "declara lícita essa restrição desde que estatutariamente declarada". Do mesmo modo, em outras legislações, em especial a norte-americana, há texto símile.

Henn e Alexander,[105] por exemplo, ensinam que "each share is entitled to one vote absent provision to the contrary". Vale dizer, expressam-se a limitações, explicitam-nas.

A não ser assim, prevalecerá, aqui e fora, "the starting premise" e esta é a de que "all share are equal".

Como, normalmente, os estatutos expressam e explicitam tais diferenças, o ordinarista é o legitimado para o voto.

Mas há casos em que, em segundo lugar, o preferencialista tem ou adquire o Direito de Voto.

José Edwaldo Tavares Borba[106] lembra algumas, dizendo que "é o que acontece na Assembléia de Constituição (87, § 2°) e nas deliberações sobre a Transformação da Sociedade (22), bem assim no caso do fechamento de capital, isto é, querer a Companhia Aberta passar a ser Companhia Fechada (CVM n° 229/95)". Há, tam-

---

[101] Ulhoa, Coelho, *op. cit.*, v. 2, 304.
[102] Requião, Rubens, *op. cit.*, v. 2, p. 142.
[103] Correia Lima, Osmar Brina, op. cit., p. 169.
[104] Carvalhosa, Modesto, *op. cit.*, v. 2, 352.
[105] Henn, Hrry e Alexander, John R., *op. cit.*, p. 453.
[106] Tavares, Borba, *op. cit.*, 305.

bém, o caso do art.298, que se inseriria na regra geral do art. 221.

Em segundo, há uma mecânica de compensações, pois previa a Lei nº 6.404, art. 17, com a redação da Lei nº 9.457, que os preferencialistas teriam direito a dividendos no mínimo dez por cento maiores do que os atribuídos às ações ordinárias, mais aquelas enumeradas no inciso II, do mesmo artigo. Já agora, as compensações se resumem na a) prioridade na distribuição do dividendo, fica ou mínimo; b) prioridade no reembolso de capital, com prêmio ou sem ele; e c) acumulação de tais vantagens. Verdade que, agora, para a caso de Companhias Abertas, criaram-se algumas vantagens como as decorrentes do critério de participação do dividendo, inclusive posta aí aquela do percentual de dez por cento maior do que o atribuído às ações ordinárias. Mas o chamado *tag along*, no caso da alienação ou fechamento do capital e que significa pagar oitenta por cento do valor pago por ação com direito a voto e integrante do bloco de controle é destinado às ações com dever de voto, não às preferenciais, consoante a Lei nº 10.303, art. 3º, que criou, na Lei nº 6.404, o art. 254 A.

De qualquer modo, é de se fixar que há diferenças de tratamento.

Claro, não é só.

O direito de voto sofre outras condicionantes.

Na medida em que as ações, além de ser a unidade do capital e de representar a participação de sócio na Companhia, sejam bens móveis ou Valores Mobiliários e sejam propriedade de quem as adquiriu, o Acionista, embora existam algumas condicionantes, poderá negociá-las, inclusive constituindo direitos reais de garantia e outros ônus (Lei nº 6.404). Certo, prevê a lei a possibilidade de penhor, usufruto, fideicomisso e alienação fiduciária e, no caso de ação gravada, exige a lei, em princípio, que o contrato pelo qual foi instrumentada a instituição do gravame estebeleça como será feita a deliberação. Ou seja, só os titulares de ações nominati-

Direitos Essenciais dos Acionistas

vas, ordinaristas em geral e, circunstancialmente, os preferencialistas, com certificados ou escriturais, votarão, votando aqueles com ações gravadas, segundo tipo de gravame, conforme contrato de sua instituição.

Fixe-se, aqui, que a intenção da lei foi a de adequar-se aos propósitos dos acionistas, aos seus perfis, adquirindo e votando o acionista empreendedor e tendo compensações aquele apenas investidor, "ordinarista" o primeiro e preferencialistas este último.

4.3. Voto múltiplo

Na Companhia há, com o fim específico de garantir aos acionistas que têm o Direito de Voto a possibilidade de integrar a Administração, particularmente o Conselho de Administração, obrigatório nas Companhias Abertas, a lei, a saber a Lei nº 6.404, art. 141, introduziu, posto que a lei de regência anterior, ou seja, o Decreto-Lei nº 2.627, não cuidava disto, no sistema a mecânica do Voto Múltiplo e daí derivam algumas questões. Vale dizer, há ver-se que é utilizado em outros sistemas, há estabelecer-se uma idéia e há discernir-se sobre sua funcionalidade.

Então e por partes.

Embora Waldirio Bulgarelli refira que o mesmo não seja desconhecido na Europa[107] e Carvalhosa, percorrendo as Legislações italiana, francesa e inglesa, indique que a primeira sugeriria, no Codice Civile, art. 2368, que *L'atto Constitutivo Può Stabilire Norme Particolari*, nada dispondo as outras duas, é bem de ver que, em Espanha, o Real Decreto nº 821, de 17 de maio de 1991, cogitou, em desenvolvendo ou complementando aquele anterior, Lei nº 1.564/89, da *agrupacion*. Então e em realidade,

---

[107] Bulgarelli, Waldirio, *op. cit.*, p. 177: "Trata-se de sistema amplamente utilizado nos Estados Unidos e não desconhecido na Europa, cuja finalidade é propiciar, tal seja a composição dos grupos de acionistas, a representação da minoria, no conselho de administração, através da eleição de um ou mais membro."

encontram-se, mesmo disposições sobre o *Cumulative Voting*, no *Model Business Corporation Act, Revised* versão 1984, não modificado aí, no *chapter 7*, sobre os *shareholders*, § 7.28, onde se lê que os "shareholders do not have a right to cumulate their votes for directors unless the articles of incorporation so provide", ensejando-se aos estatutos dispor. Ou, como o *Model Business Corporation Act* é, como o nome sugere, um "Código Modelo", as legislações estaduais estabelecem. Assim, a lei de Nova Iorque tem idêntica previsão, conforme Daniel Sitarz.[108]

A idéia do voto cumulativo é trazida, assim, dos Estados Unidos. E, então de dever colher-se o que é transmitido. Robert Hamilton, de quem se tem buscado ensinamentos ou informações, não em The Law of Corporations, mas em *Corporations*, já lecionava que "each shareholder determines the aggregate number of votes she may cast in an election by multiplying the number of shares she holds by the number of positions to be filled".[109]

Inserto o instituto no direito brasileiro, afirma Modesto Carvalhosa que "o voto múltiplo é o processo pelo qual se dá a cada acionista um total de votos correspondentes ao número de suas ações votantes multiplicado pelo número de cargos do Conselho de Administração".[110] Tavares Borba explica: "o voto múltiplo é uma espécie de voto repartido, uma vez que cada ação, por esse processo, passa a dispor de tantos votos quantos sejam os cargos a preencher, correspondendo, pois, cada voto a um só cargo e não a uma chapa (todos os cargos), como no processo normal",[111] diz-se aqui, sendo o *Straight Vote*.

No Direito Brasileiro, porém, pode o mesmo não estar previsto nos estatutos. Ainda assim, deverá ser

---

[108] Corporations, *Laws of the United States*, Nova Publishing Company, 1999, p. 146.
[109] Hamilton, Robert, *Corporations*, 4ª ed. West Publishing Co., p. 278.
[110] Carvalhosa, op. cit., v. 3, p. 94.
[111] Tavares Borba, José Edwaldo, op. cit., p. 363.

Direitos Essenciais dos Acionistas

adotado, na forma da Lei nº 6.404, art. 141, tanto que requerida pelos legitimados, aqueles acionistas que representem um décimo do capital votante quer dizer, há a obrigatoriedade, conforme Roberto Papini,[112] sendo, como assevera Carvalhosa, a norma legal imperativa e irrenunciável e "a renúncia, por parte do acionista, a esse Direito, ainda que somente para uma Assembléia, é ineficaz".[113]

O objeto é o de efetivar a co-participação da minoria. Aliás, há, até, a regra do § 4º.

Alguns autores trazem ensinamentos sobre as técnicas do voto múltiplo, inclusive as fórmulas.

Na verdade, reduzido isto às expressões mais sinceras, ver-se-á que Carvalhosa, Papini e Hamilton dizem a mesma coisa. Tratar-se-ia da fórmula acabada ou de cole, coforme Carvalhosa.[114] Os signos gráficos difeririam, apenas.

Assim:

$$X = \frac{a \, x \, c}{b + 1} + 1$$

Ou, com Papini[115]

$$V = \frac{c \, x \, a}{c + 1} + 1$$

Ou, ainda, com Hamilton,[116]

$$= \frac{m \, s}{D + 1} + 1$$

---

[112] Papini, Roberto. *Sociedade Anônima e Mercado de Valores Mobiliários*. 3ª ed. Rio de Janeiro, Forense, p. 186.

[113] Carvalhosa, Modesto, *op. cit.*, v. 3, p. 95.

[114] Carvalhosa, Modesto, op. cit., v. 3, p. 102.

[115] Papini, Roberto, *op. cit.*, p. 186.

[116] *The Law of Corporation*, West Group; 2000, p. 268; *Corporations West Publishing Co*, 4ª ed., p. 278.

Onde, na ordem, as letras "b", "c" ou "d" são representativas do número de membros a serem eleitos, as "a" e "ms" do de ações.

Há variações que, *brevitatis causa*, ficam de parte. E há críticas. Por exemplo, Paulo Salvador Frontini, embora afirme que não caiba, no seu estudo, "proceder à análise dessas fórmulas, que, aliás, envolvem questões próprias aos especialistas da ciência matemática", opõe reservas à operacionalidade das mesmas, inclusive pondo como limite a situação em que a votação para os diversos cargos do Conselho de Administração seja realizada simultaneamente.[117]

---

[117] Frontini, Paulo Salvador. Sociedade Anônima: A questão do voto múltiplo. *Revista de Direito Mercantil*, n. 113, p. 74 e ss.: "6. Conclusões: Diante do exposto, podemos formular algumas conclusões a respeito do tema. Ei-las: A primeira comclusão é no sentido de que as disposições da Lei 6.404/76 referentes ao voto múltiplo são incompletas e insatisfatórias; não tem clareza para explicar devidamente o que se deve entender por votos mínimos necessários para eleição de um membro do Conselho de Administração, nem tem o cuidado de dizer como se fará a votação, se simultânea, ou não, se há variedade de critérios quando os cargos de conselheiro tem atribuições diferentes. A segunda conclusão é a de que, ante a precariedade do texto legal, é desejável que a matéria seja contemplada nos estatutos da sociedade anônima. A terceira conclusão é de que, antes as omissões do texto legal, e sendo omissos também os estatutos, caberá a Mesa Diretora da Assembléia Geral deliberar a respeito do critério a adotar sobre com vão ser coletados os votos. A quarta conclusão é a de que as fórmulas matemáticas, estratificadas em respeitáveis estudos especializados,somente podem prevalecer para a hipótese em que os votos serão recolhidos simultaneamente para todos os cargos. A quinta conclusão é de que a eleição, pelos minoritários, por força da sinuosidade da lei, de um número de conselheiros maior do que o correspondente à sua participação no capital social, ainda que legal, carecerá de maior legitimidade, o que, por certo afetará o melhor desenvolvimento dos negócios sociais. Se o fato ocorrer em uma companhia fechada (que, por qualquer razão, contiver a estrutura do Conselho de Administração), estabelecer-se-ão, internamente, pendências e emulações, ou seja, um clima interno insuportável. O fato de menor impacto que poderá ocorrer, será a convocação de Assembléia Geral Extraordinária, para destituir todos os membros do Conselho, para tentar-se novo resultado em outra rodada. Ou mesmo, para reformar as estatutos sociais e abolir o Conselho de Administração, se houver condições para tanto! Se ofato ocorrer em uma companhia aberta, de igual ou maior monta serão os desdobramentos. Presumivelmente, estará aberta uma temporada de caça a aliados, na busca de alianças políticas e acordo de acionistas, com prespectivas concretas de confrontos em juízo. A sexta conclusão é de que, se os minoritários não lograrem fazer-se representar na devida proporção dentro do Conselho de Administração, mais uma vez a saudável intenção do legislador servirá para reiterar velha observação de que o reino de Demo pavimenta-se de boas intenções..."

Direitos Essenciais dos Acionistas

4.4. Acordo de voto

A legislação cuidou, ainda quanto à questão do voto e com o fim de tanto permitir a formação de maiorias acionárias consistentes, para dar estabilidade político-administrativa, como propiciar a composição de blocos, mesmo minoritários, mas aí dentro daqueles limites percentuais que legitimam postulações irrecusáveis, às vezes de dez por cento, às vezes de cinco por cento do capital, a contratação de Acordos de Acionistas. Assim, a Lei nº 6.404, art. 118, cogita do mesmo e traça seu desenho. De modo que impende seu exame vendo-se seu conceito, o tratamento emprestado por alguma legislação estrangeira, a título de ilustração, sua natureza jurídica e seu alcance.

Então, o Acordo de Acionista é um contrato entre sócios de uma Sociedade Anônima que, em paralelo aos estatutos e outros regramentos sociais, dispõe sobre a compra e venda das ações, sobre a preferência para adquiri-las, ou sobre o exercício do Direito de Voto.

É, assim, um contrato.

Entendem-no assim José Edwaldo Tavares Borba,[118] Edson Antonio de Miranda,[119] Celso Barbi Filho[120] e Modesto Carvalhosa.[121]

Do mesmo modo, ter-se-á igualmente a idéia de que se trata de contrato, estabelecido que o Direito Societário norte-americano reconhece o acordo de acionistas, como está posto no Model Business Corporation Act, versão 1984, a *revised*, capítulo 7, subcapítulo C, § 7.31. Sua doutrina, como aqui, inclina-se pela mesma natureza jurídica, ensinando Robert Halmiton que "a shareholder voting agreement is a contract among the shareholders,

---

[118] Tavares Borba, José Edwaldo. *Direito Societário*, op. cit.
[119] Miranda, Edson Antonio de. *Execução Específica do Acordo de Acionistas*, São Paulo, Juarez Oliveira, 2000, p. 14.
[120] Barbi Filho, Celso. *O Acordo de Acionista*, Del Rey Editora, 1993, p. 66.
[121] Carvalhosa, Modesto, *op. cit.*, v. 2, p. 472.

or some of them, to vote their shares in a specifies manner on certain matters".[122]

Na Itália, ainda, há o *Sindacati o convenzioni di voto*, segundo o Códice Civile, art. 2372.

Na medida em que se trata de contrato, ter-se-á também que vincular os contratantes, posto que fonte de obrigações, mas, antes, submeter-se-á às exigências, ou melhor, aos requisitos de validade próprios de qualquer negócio jurídico, como aqueles do Código Civil em vigor, arts. 81, 82, 145 e 147, além de outros específicos, como menciona Carvalhosa,[123] ditos princípios, aqueles de lealdade e fidelidade, exigida a observância da boa-fé.

Claro, como contrato é, do mesmo modo, contrato "parassocial", ao lado da sociedade, afastado o pensamento sobre tratar-se de "sociedade civil", explicando Carvalhosa que não há aí, no acordo, aporte de capital e que há exigências formais.[124]

Válido, operará efeitos entre as partes e ante terceiros. Contudo, antes, para tanto, terá de ser averbado tanto nos livros sociais como nos certificados de ações, se houver (lembrando que, pôs-se tal anteriormente, as ações poderão ser escriturais, de acordo com o art. 34 e seguintes).

Contemplará o contrato chamado de Acordo de Acionistas Obrigações de Fazer, incluída a modalidade de Não Fazer.

O Acordo de Acionistas aludirá à compra e venda de ações,[125] ao Direito de Preferência para adquiri-las e,

---

[122] Hamilton, Robert. *Law of Corporation in a Nutshell*. West Group, 2000, p. 14.

[123] Carvalhosa, Modesto, *op. cit.*, v. 2, p. 477.

[124] Carvalhosa, Modesto, *op. cit.*, v. 2, 472.

[125] Relativamente a Acordo de Acionistas, tornou-se célebre na Jurisprudência o famoso caso Petroplastic – Indústria de Artefatos Plásticos Ltda. *versus* Petroquímica Triunfo S/A, que tem os Acórdãos do Tribunal de Justiça, seja da 4ª Câmara Cível (Ac. nº 587.015.116), seja do grupo cível (Ação Provisória nº 589.025.543) transcritos por Nelson Eizirik (*Op. cit.*, 2/32, extraído da R.JTJRGS 125 e RJTJRGS, 150).

Direitos Essenciais dos Acionistas

sobretudo aos fins do presente, ao Direito de Voto, como afirmado supra.

Este último é alusivo à obrigação de emitir declaração de voto, ou a de se abster. E os precedentes jurisprudenciais roboram.[126]

Isto encaminha outra questão.

No caso de inadimplemento da obrigação contemplada no Acordo de Acionistas, o ordenamento jurídico, quer dizer, a Lei n° 6.404, art. 118, § 3°, haverá o ensejo à execução específica.

Certo, vedada como regra geral a "Justiça de mão própria", incumbindo recorrer-se ao Estado e ao processo como "modalidade inconstitucional de heterocomposição" segundo Pontes de Miranda[127] para buscar-se "tutela satisfativa" como ensina Araken de Assis,[128] seria de dever que se reconhecesse no contrato o caráter de título executivo. Pelo que, por exemplo, nos Estados Unidos, segundo Robert Hamilton, "many courts will enforce a pooling by decreeing specific performance".[129] E no Brasil, entre outros, Oscar Brina Correa Lima afirma a executividade.

Não poderia ser diferente.

À margem maiores debates de natureza processual sobre a caracterização ou não do Acordo de Acionista como Título Executivo, e afastadas as questões relativas à deturpação, mas presentes os termos do Código Penal, art. 177, § 2°, o fato é que a vida das empresas "é dinâmica, célebre, trepidante", como ensina Osmar Brina Correa Lima, de modo que se assim, executável, não se tiver o Acordo de Acionistas é jogada a questão para

---

[126] O Tribunal de Justiça de São Paulo, pela 6ª Câmara Cível, tem decisão que expressa que, sendo o acordo de acionistas pactuado, aos fins de eleição da administração, segundo a Lei, o mesmo deve ser respeitado (Apelação Cível n° 219.618-1 – SP, *in* Nelson Eizirik, *op. cit.*, 70/72).

[127] Pontes de Miranda. *Comentários ao Código do Processo Civil*. Rio de Janeiro, Forense, 1993, p. 43.

[128] Assis, Araken de. Manual do Processo de Execução, 5ª ed. São Paulo, RT, 1998.

[129] Hamilton, Robert, *Law of Corporation in a Nutshell*, West Group, 2000, p. 280.

discussão em Processo de Conhecimento "um eventual cumprimento da sentença judicial, transitada e julgado meses ou anos após determinada Assembléia Geral na qual o Direito de Voto tenha sido exercido em desacordo com o pactuado pelos acionistas, pode ficar, na prática, bastante comprometido".[130]

E aí esvair-se-ia aquilo que o motivou. Vale dizer, a maximização do poder do voto com a cumulação permitida, de acordo com a advertência de Hamilton.

---

[130] Correa Lima, Osmar Brina, *Curso de Direito Comercial*, v. 2, Sociedades Anônimas. Belo Horizonte, Del Rey, 1995, p. 177.

Direitos Essenciais dos Acionistas

5. Minoria

Descreveram-se antes, deixadas à parte as questões alusivas às contextualizações mais amplas (Introdução e Capítulo II), os aspectos que caracterizariam os acionistas e seus, grosso modo, deveres e responsabilidades. Depois, foram enumerados os Direitos Essenciais e foi mencionado o Direito de Voto.

Neste quadro, observou-se que as deliberações societárias maiores, conforme a Lei nº 6.404, art. 123, são cometidas à Assembléia Geral e que, nelas, são tomadas as decisões pela maioria de voto, despiciendas aqui alusões ao fato de que algumas são objeto da AGO e outras de AGEs e à circunstância de haver previsão legal, conforme o art. 136, de *quorum* qualificado, o que também pode ser adotado estatutariamente, além da exigência da unanimidade pelo art. 221 (aqui, a respeito da deliberação de transformação)

Não se esqueceu de frisar que, salvo situações excepcionais, previstas por exemplo no art. 111, apenas os acionistas-ordinaristas têm direito de voto.

Logo, é nesta perspectiva que se encaixa à questão da maioria e da minoria.

Enquadre-se.

5.1. Poder de Controle: Maioria e Minoria

Primeiro, os autores nacionais que têm estudado as Sociedades Anônimas e que, ousa-se salientar, têm encontrado ressonância, são análogos, no mínimo, em

Direitos Essenciais dos Acionistas

mencionar um *back ground*. Ou seja, constatam que a propriedade das ações se dispersou com o que se dissociaram a questões relativas à propriedade da Companhia e seu controle.[131]

Esta idéia de Poder de Controle, que vem a superar aquela de "maioria", seria, para Modesto Carvalhosa, corolário da Teoria Institucionalista, prevalecendo o objeto empresarial inclusive sobre o interesse imediato dos acionistas, em especial seus lucros.[132]

E há, segundo Fábio Ulhoa Coelho e Requião formas ou modalidades, admitido com extrema lisura pelos mesmos o lastro em Berle e Means e em Comparato.

Ter-se-iam o Poder de Controle Totalitário, com a concentração da quase-totalidade das ações ordinárias, o Majoritário, com a propriedade de mais da metade das ações com direito de voto, o Minoritário, em que o Poder de Controle é alcançado em razão da dispersão das ações e do absenteísmo (aliás referido por Requião, Ulhoa Coelho e José Edwaldo Tavares Borba) e o Gerencial, em que a dispersão é imensa, e os administradores profissionais empalmam o poder. Isto ocorreu a Fábio Ulhoa Coelho.[133]

---

[131] Requião, Rubens. *Op. cit.*; O autor menciona a dispersão e ensina que "o conceito de maioria e minoria, portanto, se modificou na realidade técnica e jurídica atual" (p. 128), aludindo logo ao fato de que eventuais "minorias" deteriam o poder de controle. Do mesmo modo, Fábio Ulhoa Coelho, *op. cit.*, v. 2; este refere a dissociação aludida no texto e reforça a idéia de que a questão do controle é crucial (p. 275). Ambos citam Fábio Konder Comparato e Adolf A. Berh Jr. e Gardiner C. Means.

[132] Carvalhosa, Modesto. *Op. cit.*, v. 2, p. 423-427.

[133] A obra de Berle e Means está presente, sempre, na lembrança daqueles que lidam com a questão do poder de controle nas Sociedades Anônimas. E Ulhoa Coelho, ao cita-los, fazendo, como ele mesmo denomina, alguns ajustes, tem em vista a Modern Corporation and Private Property. O dissertante teve acesso na versão italiana, esta de 1966, em edição Giulio Einaudi editora, com tradução de Giovani Maria Ughi, e nesta, às págs. 70 e segs. têm-se aquelas formas bosquejadas por Ulhoa Coelho. Fábio Konder Comparato, por sua vez, em *O Poder de Controle na Sociedade Anônima*, São Paulo, Ed. Revista dos Tribunais, 1976, aliás, sua tese de Concurso Acadêmico, também recorreu a Berle e Means, mas a edição norte-americana de 1967, conforme a sua nota de rodapé nº 19, ao capítulo 1º.

O mesmo Fábio Ulhoa Coelho flagra uma crítica de Posner às idéias de Berle e Means.[134]

Além de Berle and Means e Posner, Robert Hamilton também aludiu tal ponto, e afirmou que "the ownership interest of shareholders is separated from the control and management".[135]

Resumindo, hoje nas Companhias interessam, e aqui como contraponto, o Controle e seus titulares, o Acionista-Controlador.

Fábio Konder Comparato não critica isto.

De algum modo, então, tem-se o Acionista-Controlador.

Dentro daquele quadro traçado antes, onde, inclusive e principalmente mencionaram-se os "perfis", ter-se-á que o Acionista-Controlador adequa-se ao Acionista-Político ou Acionista-Empresário. Vale dizer, aquele acionista que não está no Mercado comprando e vendendo ações, e outros valores mobiliários, com o só-fim de lucrar em cima de sua eventual ou constante volatilidade, ou que seja um investidor com o propósito de, formando um *port-fólio*, acumular uma reserva patrimonial. Ao contrário, busca ele o Comando Político-Empresarial.

E, no esquema tracejado por Fábio Ulhoa Coelho, alcançará seu objetivo em se tornando titular de ações que somem a (quase) totalidade das que têm direito a voto, o que, convenha-se, é de difícil realização, ou de ações que lhe dêem, pessoalmente, a maioria, que também não é de todo comum, e não se faz necessária pesquisa de campo para comparar a assertiva, ou, mes-

---

[134] Ulhoa Coelho, Fábio. *Op. cit.*, p. 275; Ulhoa Coelho menciona oposição de Richard Posner. De fato, *Posner na Economics Analysis of Law*, Ed. Aspen Law and Business, 1998, p. 451 e ss., coerente consigo, para o bem ou para o mal, na linha de seu ideário e em cima do mote dos *Costs of Transactions*, não vê anomalias na separação referida porquanto, para ele, Posner, "what is necessary in the interests of the shareholders is not participatory shareholders democracy but machinery for discovering management from deflecting too much of the firm's income from the shareholder's to itself". Vale dizer, depois de separar o *shareholder* do *management* e falar dos riscos de "the managers not deal fairly with shareholders (*disloyalty*)" tem, Posner, que a "corporation law reduces transiction costs" pelos direitos reconhecidos.

[135] Hamilton, Robert. *Corporations, West Publishing Co.*, 1997, p. 255.

Direitos Essenciais dos Acionistas

mo, nem tantas (ações) assim, mas atingindo tal posição através de outros meios, em especial o Acordo de Voto.

A legislação encarrega-se de trazer uma idéia, expressão mais afim do que "definição", do que seja, de como alcança tal qualidade e, basilarmente, de quais são seus deveres e responsabilidades.

Assim, é ele a pessoa natural ou jurídica (e aí, mais além do reconhecimento de que pessoas jurídicas sejam sócias ou acionistas, firma-se também a base para a existência de situações como a de *Holdings* e de "Sociedades Coligadas, Controladoras e Controladas", fora, óbvio, do foco do presente) que é titular de direitos de sócio que assegurem maioria de votos nas deliberações, o poder de eleger a maioria dos administradores e usa seu poder para dirigir as atividades sociais e orientar o funcionamento dos órgãos da Companhia. Isto está na Lei nº 6.404, art. 116. Bem de ver que os requisitos das letras "a" e "b" são cumulativos, haja vista a conjunção "e" ali estampada.

Tal condição é atingida, como já entrevisto acima, ou porque já seja *per se* proprietário das ações que a isto conduziria, ou porque há, também como já examinado antes, acordo de voto (espécie do gênero Acordo de Acionistas).

A partir de tal condição, o Acionista-Controlador tem o dever de usar seu poder com o fim de fazer com que a Companhia realize seu objeto e cumpra sua função social.

E aí há ver-se que a legislação não se valeu de "tipicidade cerrada", com preceito e sanção, mas valeu-se de um *standard*, a ser enchido pontualmente. Porém, não é difícil saber-se que exercerá sua função social a sociedade empresária que buscar o lucro, razão de ser de sua constituição e porque assim se manterá ativa gerando empregos e contribuindo com tributos. Mas ao buscá-lo não a fraudará se o fizer com atenção à preservação do meio ambiente, por exemplo, cuidando de utilizar tecnologias adequadas. Isto, do mesmo modo, propiciará a inserção da mesma na comunidade.

E tem deveres para com os que nela trabalham.

Tanto é assim que o mesmo responde pelos danos causados por atos praticados com abuso de poder.E não se deve deixar de aludir que o texto legal, sobre as "modalidades de exercício abusivo de poder", inscreve situações como a de levar a companhia a favorecer outra sociedade com prejuízo de participação aos acionistas minoritários (art. 117, § 1º, *a*) ou promover a liquidação ou operação outra, como transformação, etc. com prejuízo aos acionistas (art. 117, § 1º, *b*) ou ainda promover alterações estatutárias, emissão de valores, ou adotar decisões que viessem a causar prejuízo aos minoritários, empregados e investidores.

Certo, não se trata de *numerus clausus*.

Vê-se, aí, na lei, a preocupação com os minoritários.

De fato.

Vis a vis o(s) acionista(s) – controlador(es) – têm-se, ainda que, antes, Requião critique a designação[136] e que, depois, existam outras situações (Ricardo Negrão, por exemplo, põe em pauta o "comum", o "dissidente" e o "remisso", que, no ponto em que se está, desimportam), o Acionista-Minoritário, que é aquele, ou são aqueles, que seja (ou sejam) proprietário(s) de ações com direito de voto mas que não tenham o controle da sociedade.

Assim, é ele (ou são eles) acionista(s). E é (são) ordinarista(s). Mas, seja na tomada de deliberações assembleares, seja, mais diretamente, no processo eleitoral, não tem ele ou eles um número de ações que representem um percentual idôneo a eleger membros de, *lato sensu*, administração, como visto antes.

Waldirio Bulgarelli, apoiado em Joaquim Garrigues, afirma que "a minoria não é senão a maioria desorganizada".[137] E expressa que "minoria é afinal uma posição".[138]

---

[136] Requião, Rubens. *op. cit.*

[137] Bulgarelli, Waldirio. *Regime Jurídico de Proteção às Minorias nas S/A.* Ed. Renovar, 1998, p. 39.

[138] Idem, p. 40.

Daí a necessidade de proteção.

Bulgarelli, depois de dizer que esta não se deveria a ele, o "minoritário" em si, mas à violação de seus direitos pela maioria, destaca que, apesar da igualdade formal, a "maioria" (no sentido que acima se expôs) tem um *plus*, o poder, e que se deveria dar aos demais (à "minoria"), pela inferioridade da sua posição, meios legais para sua defesa, e depois disto, ensina que, com isto, procura-se manter o equilíbrio que é fundamental na vida societária.[139]

Mas, de logo, adverte ele para os abusos da minoria.[140]

De qualquer forma, uma vez que é o minoritário, justamente por isso, ou *et pour cause*, destituído de poder(es) e porque ele pode até representar, embora numericamente apenas, a "maioria" (então, dos acionistas, não do capital), e porque, já naturalmente sem o (inicial) direito de voto, o preferencialista de alguma maneira se assemelharia a ele, a idéia é de, daqui para a frente, delinearem-se algumas defesas que o sistema tem contemplado para os mesmos.

Abaixo, ver-se-ão, embora pontualmente, não topicamente, mas, ao menos tentado isto, sistematicamente, os aspectos mais relevantes.

5.2. Minoria e convocação da assembléia geral

Já foi dito antes que, entre os direitos que a lei designa de "essenciais", está o Direito de Fiscalização, conforme a Lei nº 6.404, art. 109, III. Viram-se, lembre-se, os meios de fiscalização, também. Do mesmo modo, já foi mencionado que as grandes deliberações societárias são tomadas nas Assembléias Gerais, nas quais todos os acionistas terão direito de voz, embora apenas os ordinaristas, via de regra, e excepcionalmente os

---

[139] Bulgarelli, Waldirio. *Op. cit.*, p. 42.
[140] Idem.

demais, seja em razão de previsão estatutária, seja por circunstância advinda e prevista em lei, tenham o direito de voto.

A Assembléia Geral, a quem compete privativamente deliberar sobre a matéria enunciada, e não exaustivamente,[141] ou é ordinária, para os fins do art. 132, ou é extraordinária, e as deliberações serão adotadas ou na forma do art. 129, vale dizer, pela maioria, aí em sincronia com o Código Comercial em seu art. 331, segunda parte, e art. 486, ou na forma do art. 136, ressalvado ao estatuto exigir maior *quorum*. O Novo Código Civil, os arts. 1010 e 1076 têm critérios assemelhados.

A idéia é a de que haja uma Assembléia Geral Ordinária anualmente (Lei nº 6.404, art. 132), na época estabelecida pela lei, observado o exercício social. As Assembléias Gerais Extraordinárias realizar-se-ão segundo as necessidades.

Aqui, o estudo reclama a verificação da questão de sua convocação.

A uma, a competência para a convocação é do Conselho de Administração, obrigatório nas Companhias Abertas e facultativo nas Companhias Fechadas. Nestas, não havendo o Conselho de Administração, a convocação competirá aos diretores.

Mas há, a duas, outros designados pela lei para a convocação.

Assim, o Conselho Fiscal pode, e deve, convocá-la. Procederá deste modo se o Conselho de Administração ou a Diretoria não a fizer convocar, seja a AGO, no caso de retardamento de convocação, seja a AGE, se houver motivos graves ou urgentes. Tudo segundo o art. 123, parágrafo único, letra *a*, e art. 163, V, sempre da lei em exame.

Os minoritários, observados o percentual de um décimo (10%) das ações com direito a voto, ou um vigésimo (5%) das ações sem direito de voto (Lei nº

---

[141] Coelho, Fábio Ulhoa. *Código Comercial e Legislação Complementar Anotados.* 4ª ed. São Paulo, Saraiva, 2000, p. 691.

Direitos Essenciais dos Acionistas

6.404, art. 161, § 2º), tem a possibilidade de nele ter a participação, e desde que, ainda que não tenham eles maioria no Conselho Fiscal (Lei nº 6.404, arts. 165 e 153 a 156), este, o CF, responde por omissão, se não convocar a AG. Vê-se que, por aí, há um instrumento muito robusto de poder dos minoritários. Por meio do Conselho Fiscal podem eles forçar a realização de uma Assembléia Geral aos fins de resguardar seus direitos, então.

Os acionistas também podem fazê-lo, pois se "a convocação para Assembléia Geral de sociedade anônima compete ao Conselho de Administração, se houver, ou aos diretores. Pode, entretanto, ser feita por qualquer acionista, quando os administradores retardarem por mais de sessenta dias a convocação, nos casos previstos serão suportadas pela própria sociedade, pois a ela competia a realização da providência".[142]

Aí, a questão se desdobra.

Primeiro, com o percentual de cinco por cento do capital exigido, antes extensivo ao Capital Social (sem especificação ou exigência sobre o direito de voto) e se os administradores não atenderem representação no sentido de convocarem-na em oito dias, e, depois, exigidos sejam tais cinco por cento ou do capital votante ou de acionistas sem direito de voto se o pedido do Conselho Fiscal não for atendido, pode haver a Convocação.

Segundo, qualquer acionista, com ou sem direito de voto, mínima que seja sua participação no Capital Social, se descumprido o prazo de sessenta dias para a convocação (Lei nº 6.404, art. 123, parágrafo único, *b*), poderá provocá-la.

Veja-se, o alargamento do direito de convocação vai se dando na medida em que as irregularidades existentes, presumidas ou imaginadas sejam mais graves.

Há razões, pois.

---

[142] Tribunal de Justiça de São Paulo, 2ª Câmara Civil, Apelação Civil nº 157.645-1 – São Paulo. *In* Eizerik, Nelson. *Sociedades Anônimas, Jurisprudência*. Renovar, 1999, p. 623.

Não se cometeria, assim, desde o início a qualquer acionista o poder de convocá-la, a AG, sem razões. Isto, por certo, iria no rumo contrário à idéia de que à administração incumbe administrar e que deve fazê-lo com razoável discrição, nos lindes legais e estatutários, havendo épocas adequadas para darem-se satisfações aos sócios, tal como já se tinha nas sociedades do velho Código Comercial, art. 290.

Apenas como notícia, refere-se que o texto dado à matéria em exame, a saber a Assembléia Geral e sua convocação, pelo Model Business Corporation Act, chapter 7, sobre os *shareholders*, é símile, se não igual, conforme o subchapter A, § 7.02.[143]

Ainda, como digno de menção, tem-se que o Codice Civile, na verdade o "Código de Direito Privado", na Itália, arts. 2.363 e seguintes também tem instrumento mais ou menos similar, cogitando de uma Assembléia Geral Ordinária, a ser convocada uma vez por ano, e da *Assemblea Straordinária* que pode ser convocada por *richiesta della minoranza* (2.367). E tem-se que o Código de Comércio da Argentina segue a mesma trilha, no artigo 236.

Entre as legislações acima lembradas há diferença em relação ao percentual. A lei italiana exige um percentual equivalente a um quinto do Capital Social ao passo que a Argentina requer apenas cinco por cento, também do Capital Social. Isto é importante na medida em que ambos estes sistemas, como o brasileiro, prevêem ações com direito de voto e ações com direito de voto limitado, restrito, conforme o Código de Comércio, art. 217, para as *acciones preferidas*, e o Codice Civile, artigo 2.351.

---

[143] MBCA, 7, A, 702: "A Corporation shall hold a special meeting of shareholders: § 7.02 (2) if the holders of at least 10 percent of all the votes entitled to be cast on any issue proposed to be considered at the proposwed special meeting sign" ... É bem de ver que Modesto Carvalhosa, nos *Comentários*, volume 2, p. 544, alude ao MBCA e cita o § 28, mas este número é próprio da versão de 1969 e aqui está-se, sempre que recomendável como notícia sua menção, a trabalhar com a versão de 1984, mais atualizada, pois.

Direitos Essenciais dos Acionistas

Portugal não discrepa. A legislação lusitana, o Decreto-Lei nº 262/86, contempla a existência de ações preferenciais sem voto, no art. 341, e a possibilidade de convocação da Assembléia Geral por acionistas que representem cinco por cento do Capital Social.

Daí derivam algumas conclusões.

Primus, a existência de maiorias e minorias é recorrente nos sistemas legais. *Secundus*, há, de forma mais ou menos comum, a consignação da diversidade dos tipos de ações.

Isto se creditaria (ou debitaria) àquilo que é referido na doutrina e foi trazido aqui, antes, seja com Berle and Means, seja com Posner, seja com Fábio Konder Comparato, seja com Fábio Ulhoa Coelho. Quer dizer, há, a uma, "perfis" para os acionistas e há, a duas, a formação do poder de controle. Mas há, a três, uma rede de proteção para o minoritário. Aqui, a convocação da AG, mas observado um percentual, no mais das vezes de cinco por cento (Brasil, Portugal, Argentina), dez nos Estados Unidos e vinte na Itália. Isto aos efeitos de trazer um certo peso e afastar alguma leviandade. Repetindo, o minoritário, com as condicionantes postas, pode provocar a assembléia geral.

5.3. Administração e Minoria

A empresa, expressão usada aqui como assemelhada a empreendimento, até porque seja com a Lei nº 6.404, art 2º, seja tomado o novo Código Civil, este havido de momento tão-só como referência, pois há *vacatio*, tem sentido de atividade econômica organizada, é exercida pela Sociedade Mercantil, que virá a ser chamada de Sociedade Empresária. No entanto, como se trata de pessoa jurídica, uma realidade técnica basicamente, impende seja ela, a sociedade presentada e administrada. As pequenas sociedades, formatadas como Sociedades em Nome Coletivo, e se médias, habitualmente materializadas como Sociedades por Quotas de Responsabilidade Limitada, tem, aos fins de presentação e administração a figura do Sócio-Gerente, dispondo as leis de regência, a saber, o Código Comercial, art. 316, e o Decreto nº 3.708, de 1919, art. 10, sobre a mesma, sua investidura e seus deveres e responsabilidades. Entre parênteses, o Novo Código Civil, nos artigos 1011 e 1060, deixa de lado "sócio-gerente" e fala no administrador. Mas nas Sociedades Anônimas a questão se apresenta mais rica e de modo mais complexo.

De fato, há na Companhia, órgãos e estes poderão variar conforme se trate de Companhias Abertas ou Companhias Fechadas, cujas características básicas estão mencionadas no capítulo 1, tendo-se consignado que aquelas são as que têm seus valores mobiliários, ações, debêntures e demais títulos, negociados no mercado, estando elas registradas na Comissão de Valores Mobiliários, ao passo que estas não têm-nos, aos seus valores, ao acesso dos Mercados de Bolsa ou Balcão.

Daí decorre a estrutura administrativa das mesmas.

Tem a Companhia Aberta, primeiro, um Conselho de Administração, e aliás, obrigatoriamente. É um órgão de deliberação colegiada, porquanto, como ensina Modesto Carvalhosa,[144] a uma, os atos singulares, isolados, não têm eficácia, mais, a duas, o órgão tem competência decisória.

Isto não é exclusivo do sistema societário brasileiro. Na França, há a possibilidade, a alternativa de se ter, na Sociedade Anônima, o *Conseil de Surveillance*, que faz as vezes do, aqui, Conselho de Administração, e a *Directoire*, como ensina Rene Rodiere.[145] Na Argentina, o Código de Comercio, art. 255, antes, e 280 e seguintes, depois, disciplina o Consejo de Vigilancia. Em Portugal, o Código das Sociedades Comerciais, de 1986, traz para as sociedades, no art. 278º, duas variáveis. Numa delas

---

[144] Carvalhosa, Modesto, *op. cit.*, v. 3, 46.
[145] Rodiere, Rene. *Droit Commercial*, 9ª ed. Groupmente Commerciaux, Dalloz, 1977, p. 207 e ss.

Direitos Essenciais dos Acionistas

há o Conselho Geral (art. 434º), que elegerá a direção. Na Itália, o *Códice Civile*, o art. 2381, cuida do *comitato esecutivo* e dos *amministratori delegati*, que se assemelham à diretoria, e o art 2388, do *consiglio de ammistrazione*. E nos Estados Unidos, o Model Business Corporation Act, versão 1984, com algumas modificações em 1999, estabeleceu, para as *corporations*, ou seja, as Sociedades Anônimas, no *chapter 8* alusivo aos *directors and officers*, o *board*.

Modesto Carvalhosa, e aí não há surpresa, critica até sua existência, chamando-o de "órgão dispendioso, inútil, que, de fato, nada manda e nada sabe a respeito das questões administrativas da companhia",[146] alegando que, se o mesmo deveria trazer a influência de outros setores para a formulação da Política da Companhia, no caso brasileiro isso se excluiria. É bem de ver, no entanto, que a composição do Conselho de Administração, agora, não é exclusiva, podendo vir a integrá-lo quem não seja acionista. Porém, Rubens Requião respondeu, ensinando que "uma das vantagens do sistema de organização da Administração da Companhia, através do Conselho de Administração, é a de permitir a representação de grupos minoritários de acionistas ou de empregados na sua composição".[147]

Com efeito, a Lei nº 10.303, de 31 de outubro de 2001, contém dispositivo que alude a participação de empregados no Conselho de Administração (art. 140, V, parágrafo único).

E, de qualquer forma, existe azo a que a minoria o integre.

O Conselho de Administração é formado por membros eleitos pela Assembléia Geral, inclusive através do processo do Voto Múltiplo. Mas, adotado ou não o Voto Múltiplo, seja previsto nos estatutos, seja por requerimento do legitimado, em razão do enquadramento na Lei nº 6.404, art. 141, *caput*, comporão o Órgão membros eleitos por titulares de ações de Companhia Aberta, com

---

[146] Carvalhosa, Modesto, *op. cit.* v. 3, p. 6.
[147] Requião, Rubens, op. cit., v. 2, p. 179.

direito de voto, que representem 15% do total das ações com direito de voto, e membros eleitos pelos titulares de ações preferenciais, sem direito a voto, e que representem, no mínimo 10% do capital social, e se ambos os grupos não implementarem os requisitos acima referidos, é-lhes lícito agregarem-se, se atingirem 10% do capital social, e elegerem um membro, esclarecido que o bloco monetário terá de restar em maioria no Conselho (Lei nº 6.404, art. 141, § 7º, redação da Lei nº 10.303).

Nas Companhias Fechadas não há obrigação legal de previsão e instituição do Conselho Administrativo, mas não lhes é proibido mantê-lo.

Porém, aberta ou fechada, a companhia terá uma diretoria. Essa será eleita ou pelo Conselho de Administração, se existir, ou pela Assembléia Geral, o que, do mesmo modo, não é apenas próprio do sistema societário brasileiro. Há, na França, a *Directoire*, como ensina Rodiére.[148] Na Argentina, o Código de Comércio, art. 255, regula o *directorio*. Também em Portugal, com o Código das Sociedades Comerciais, art. 424º. Já nos Estados Unidos, o MBCA/84, chapter 8, subchapter D, tem os *officers*, permitido o detalhamento de suas atribuições através do *By Laws*, saliente entre os mesmos o CEO, ou o *Chief Executive Officer*, equivalente ao Diretor-Presidente.

Incumbe, no fundamental, à Diretoria, e nela, observando-se o que dispuseram os estatutos ou deliberações do Conselho de Administração, aos Diretores designados, a representação da companhia.

Compô-la-ão duas ou mais pessoas, não necessariamente acionistas.

Contudo, e de suma relevância, é o fato de que a lei cometeu à diretoria, ou melhor, aos diretores, de vez que aí não há colegiado, conforme Modesto Carvalhosa,[149] "a

---

[148] Rodiere, Rene, *op. cit*, p. 210.
[149] Carvalhosa, Modesto, *op. cit.*, p. 132.

Direitos Essenciais dos Acionistas   **99**

prática dos atos necessários do seu funcionamento regular" (Lei nº 6.404, art. 144).

De modo que é de todo importante que haja governabilidade e à minoria tocará o Direito de Fiscalização sobre a Administração, ainda que, no caso de existência do Conselho da Administração, venha a compô-la.

Mas também há uma gama de deveres impostos pela lei aos administradores. Destaca-se, aqui, aquele relativo à lealdade que deve reger a conduta dos mesmos para com a companhia e que implica vedação à utilização em benefício próprio de informações de que tenham conhecimento em razão do cargo, obriga a não se omitirem na proteção de companhia para alcançar benefício pessoal e impede a aquisição de bens que sejam necessários ou úteis a ela para quem os revenderá com lucro. Grosso modo, a estas práticas tem-se dado o nome de *insider trading*, conforme Bulgarelli,[150] Tavares Borba[151] e Carvalhosa.[152] Nos Estados Unidos, o Securities Exchange Act, de 1934, no § 16, cujo fim é o de "discourage corporate 'insiders' from taking advantage of their access to information"[153] e cujo propósito é o de "preventing the unfair use of information". No caso brasileiro, tocam a Comissão de Valores Mobiliários as tarefas, além daquela registral, de acordo com a Lei nº 6.404, art. 4º, e Lei nº 6.385, art. 8º, II, para que seja atendido o disposto no seus artigos 19 e 21, as de regulamentar (Lei nº 6.385, art. 8º, I), de fiscalizar (Lei nº 6.385, art. 8º, III) e, especialmente, de impor sanções (Lei nº 6.385, art. 11).

Trata-se, o *standard of loyalty*, como realça Carvalhosa,[154] e aí sem mencionar ou fato de que também se está diante de "tipo aberto", imposto aos administrado-

---

[150] Bulgarelli, Waldírio, *op. cit.*, p. 184.
[151] Tavares Borba, José Edwaldo, *op. cit.*, p. 376.
[152] Carvalhosa, Modesto, *op. cit.*, v. 3, p. 247 e ss.
[153] Ratner, David L. *Securities Regulation in a Nutshel*, Westgroup, 1998, p. 120.
[154] Carvalhosa, Modesto, *op. cit.*, v. 3, p. 254.

res, de proteção à Companhia, mas que beneficia os acionistas e, mais, o público investidor.

Há, por igual, o dever de informar, o, como é conhecido, *Duty of Disclosure*, ou apenas, o *disclosure*. Ensina Carvalhosa[155] que, posto ter a norma legal estabelecido o dever de revelar, mais além do que diz respeito, a sua pessoa (Lei nº 6.404, art. 157, § 1º), à bolsa de valores e veicular pela imprensa os "fatos relevantes" (Lei nº 6.404, art. 157, § 4º), o *full disclosure* "é o sistema que coloca os acionistas da companhia e os investidores em situação de avaliarem a oportunidade, o preço e as condições dos negócios de aquisição e a alienação de valores mobiliários emitidos pela companhia", com o que ensejar-se-iam meios para a captação de recursos no mercado. Certamente, nos Estados Unidos, o *Disclosure Act* de 1933 teve a mesma razão, ainda que em 1982 tenham ocorrido modificações, segundo David L. Ratner, já que o propósito seria o de *to protect investors against really bad deals*, embora pondere que isto possa *to enable them to more rational choices among alternative respectable deals*.[156]

E existe o dever de observar o *standard of equity*, vale dizer o de não intervir em qualquer operação social, inclusive contratos, em que haja conflito de interesses. Há, constata-se, um paralelismo entre o disposto na Lei nº 6.404, art. 156 e §§, e o Model Business Corporation Act, chapter 8, subchapter a, § 8.31, percebendo-se que a referência de Modesto Carvalhosa é sempre à versão de 1969, revisada em 1984, com modificações pontuais em 1999 e 2000. E no § 8.31, da versão em vigor, define-se-o dizendo-se que "a conflict of interest transaction is a transaction wich the corporation in wich a director of tho corporation has a direct of indirect interest", redundante como soem ser definições, particularmente as

---

[155] Carvalhosa, Modesto, op. cit., v. 3, p. 285, na verdade citando outro autor, André Bruyneel, na NR nº 642. A CVM consolidou a matéria relativa ao "Fato Relevante" na Instrução CVM nº 358, de 3 de janeiro de 2002.
[156] Ratner, David L. *Op. cit.*, p. 36 e 86.

Direitos Essenciais dos Acionistas

americanas, mas elucidativa e coibidora de aproveitamento pelo Diretor. Na Itália, o *Conflito D'Interessi* está no Codice Civile, art. 2391.

A idéia, pois, é sempre a mesma, uma vez que, mesmo que em sistemas diversos, o propósito é o de assegurar uma Administração sem segredos outros que não os próprios da governabilidade (Lei nº 6.404, art. 157, § 5º) e Instrução CVM, nº 358, 6º e 8º.

A Comissão de Valores Mobiliários, cuja posição, aos efeitos de adimplir as funções para que foi instituída, e que, no Brasil exercita tarefas similares às da Securities Exchange Comission, nos Estados Unidos, viu-se fortalecida nas recentes legislações,[157] não se omitiu aqui. Há medidas administrativas, editadas segundo as disposições legais que estabelecem suas atribuições, que esclarecem estes aspectos. Assim, a Instrução CVM nº 8, de 8 de outubro de 1979, conceitua as "condições artificiais de demanda", a "manipulação de preço", a "operação fraudulenta" e a "prática não equitativa" que aliás, mais tarde, até vieram a ser criminalizadas (Lei nº 7.913, de 7 de dezembro de 1989). É ainda a Instrução CVM nº 31, de 8 de fevereiro de 1984, que conceituou "ato ou fato relevante" e dispôs sobre os deveres de comunicação, o de guardar sigilo sobre informação privilegiada e acerca do uso de tais informações, configurando as infrações relativas a tais questões como graves e sujeitando-as às sanções da Lei nº 6.385, substituída ela, agora, pela acima referida Instrução CVM nº 358, de 3 de janeiro de 2002.

Infringidos tais deveres, agindo o Administrador com culpa ou dolo, mesmo dentro de suas atribuições, ou com violação da lei ou do estatuto, inclusive aqueles deveres acima enunciados, afastar-se-á o comando da Lei nº 6.404, art. 158, *caput*, e estabelecer-se-á sua responsabilidade pessoal, legitimados os enumerados na mesma lei, art. 159, para a promoção das medidas

---

[157] Lei nº 10.303, de 31 de outubro de 2001, e Medida Provisória nº 8, de 31 de outubro de 2001.

judiciais, em especial os minoritários. Em realidade tem-se, as ações sociais, ou *Ut Universi* ou *Ut Singuli*, as ações individuais, de acordo com a Lei nº 6.404, art. 159 e seus §§ 1º a 4º às primeiras e o § 7º às segundas.

Certo, não só os acionistas, quaisquer, que representem, no mínimo, 5% do capital social, com o que aí se incluem os preferencialistas, podem ajuizá-la, como também qualquer acionista poderá fazê-lo desde que, aí, seja diretamente prejudicado. Disto extrai-se que, em nome do equilíbrio sistêmico entre os direitos da minoria e a governabilidade, o só acionista, sem aquela participação (5%) aludida, sem ter sido pessoalmente prejudicado, não virá a aforá-la, pena de carência da ação.

A questão tem merecido reflexões. Por exemplo, Ricardo de Macedo[158] aporta importantes considerações sobre o tema e, partindo da já aqui referida dissociação entre a propriedade e o poder de controle, cuida do problema da refração, ou distorção, no processo decisório, e das mecânicas legais de correção, mas entende-nas de efetividade comprometida sugerindo, então, até para os fins de atendimento à pretensão de formação de um Mercado de Capitais, com a pulverização das ações, que seria de se consertar o modelo, pois dispersos os benefícios do ajuizamento das medidas judiciais, diante dos cursos, haveria um desestímulo.

5.4. Conselho Fiscal e Minoria

Como aludido antes, na estrutura das Sociedades Anônimas há, compondo em sentido largo a Administração, o Conselho Fiscal, e cumpre, pois, que se avistem sua caracterização, sua composição e investidura e suas atribuições.

---

[158] Macedo, Ricardo Ferreira de. *Revista de Direito Mercantil, Industrial, Econômico e Financeiro*, n. 120, outubro-dezembro/ 2000, p. 195 e ss.

Direitos Essenciais dos Acionistas

Trata-se de órgão que apresenta uma organização, inclusive interna, se compõe e tem uma esfera de atribuições.

Nas Companhias é o Conselho Fiscal uma derivada do direito de fiscalização que, para todas as Sociedades Comerciais radica no Código Comercial, art. 290, e aqui, para este tipo específico ou *sub examine*, se ancora na Lei nº 6.404, art. 109, III.

Tem-se, assim, a fiscalização interna *vis a vis* a fiscalização externa, que incumbe às chamadas Auditorias Independentes. Os auditores independentes, que é como a legislação denomina, no art. 177, § 3º, atuam obrigatoriamente, havendo provimentos administrativos a respeito do registro dos mesmos e de suas atividades, no caso de companhia aberta.[159]

O Conselho Fiscal ou funcionará permanentemente ou poderá ser instalado em exercícios correspondentes. Mas como órgão é, em si, permanente.

Há cuidados, entanto.[160]

Prosseguindo, se tratar de Companhia em que se tenha que o funcionamento do Conselho Fiscal não seja permanentemente, poderão os acionistas que representam os dez por cento do capital votante, ou, na expressão legal, um décimo das ações sem direito de voto, pedir sua instalação e à Assembléia Geral não é dado desatender. O Conselho Fiscal será instalado, diz a

---

[159] Instrução CVM nº 216/94.

[160] Fábio Ulhoa Coelho, citando, e Waldírio Bulgarelli, o citado, cogitam da situação em que o Controlador, que o é por ter de qualquer forma, propriedade ou acordo, ações que lhe assegurem tal posição, e que seja também a maioria das ações preferenciais, somaria aos membros que naturalmente elegeria, além daquele aludido na Lei nº 6.404, art. 161, § 4º, letra *b*, mais um – "mais uns" ou "mais um", mas negam que se possa interpretar a lei assim. Com efeito, se a interpretação jurídica é encaminhada predominantemente de forma sistêmica, e isto aqui é dever anunciado e prometido, a mesma deve contemplar a melhor escolha segundo o sistema que é o de contenção, desde que não impeça a administrabilidade da Maioria. Contudo, refere Leslie Amendolara, em Os Direitos dos Acionistas, que a CVM, em parecer de Orientação de número 19, manifesta o atendimento de que o Controlador sempre participa da eleição em separado para as escolhas dos preferencialistas, manifestando na esfera administrativa exegese sistêmica. É o que Modesto Carvalhosa. *Comentários, op. cit.*, p. 373

Lei nº 6.404, art. 161, § 2º. É verdade que, aí, funcionará até a primeira AGO após sua instalação. Estes percentuais podem sofrer alterações pela CVM, como afirma o art. 291 da mesma lei.

E uma vez que deva ser instalado e que a Maioria terá sua posição repristinada aí a Minoria elegerá seus escolhidos, como posto acima.

Mas há requisitos, tal como postos na Lei nº 6.404, art. 162, pois eleger-se-ão, somente, pessoas naturais residentes no país, com curso superior, a menos que já tenham exercido, por três anos ou mais, cargos administrativos ou de conselheiro fiscal.

E a lei estabelece a pauta de atribuições, aliás indelegáveis (art. 163, § 7º). Tal parte está na Lei nº 6.404, art. 163, inciso I a VIII, competindo-lhe pois e antes de tudo mais fiscalizar os atos dos administradores. Claro que a mesma não é exaustiva. Há outros casos. Por exemplo, a questão do aumento do capital é avistada tanto no artigo 163, III, como no art. 166, § 2º, ou no art. 173, § 1º, ou questão prevista no artigo 163, VII, e também mencionada no art. 202, § 4º.

É, assim, o Conselho Fiscal uma evidência de que o Direito de Fiscalização, exercido diretamente na Assembléia Geral, é praticado indiretamente, mas ainda internamente, reservada a fiscalização externa aos auditores independentes.

E isto se entende uma vez que o Conselho Fiscal terá de se reportar aos acionistas, observado o número cabalístico, cinco por cento do capital social (Lei nº 6.404, art. 163, § 6º).

E tudo, por certo, sem se olvidar do disposto na Lei nº 6.404, art 105, que também está ligado ao Código Comercial, arts. 290, 18 e 23, incidentes as regras procedimentais trazidas pelo Código de Processo Civil, sempre, aqui, lembrando o percentual, o de cinco por cento do Capital Social, o que, da mesma feição, inibe leviandades. Quanto ao velho diploma mercantil ter-se-á que,

Direitos Essenciais dos Acionistas

operada sua revogação, o Novo Código Civil cuidará de tais questões similarmente (artigos 1190 e 1192).

Aliás, se não existissem medidas e tamanhos, ensejar-se-iam práticas ilícitas e abusivas, como venda de informações sigilosas.[161]

Fora, a questão se apresenta de forma às vezes diversa, às vezes assemelhada.

Por exemplo, nos Estados Unidos, o antigo Model Business Corporation Act, de 1969, referido por Modesto Carvalhosa,[162] cuidava do direito de examinar os livros, pessoalmente ou através de advogado.[163] O atual, o MBCA de 1984, determina (isto é, e vai entre parênteses, se a lei estadual recepcionar, e normalmente o faz, já que o MBCA é o "modelo") que sejam mantidos os livros mercantis e os arquivos necessários e que esses sejam acessíveis aos acionistas (*shareholders*).[164]

De resto, Henn e Alexander[165] informam sobre os direitos dos acionistas, às informações, mas, vê-se, não há alusão a um órgão como o Conselho Fiscal. De maneira igual, Hamilton,[166] embora aluda ao fato de que os livros e registros devem submeter-se às inspeções, inclusive governamentais – e aí até menciona o que, aqui, neste trabalho foi dito na Introdução e ao cabo será considerado, a Governança Corporativa, que é certo, também requer translucidez das contas – e cite que o

---

[161] O Superior Tribunal de Justiça, no REsp. nº 37.149-0-SP. Relator o Ministro Waldemar Zveiter, decidiu que os que não são acionistas não têm pretensão, à exibição dos livros, ainda que o sejam de Controladora (Messina, Paulo; Forgioni, Paula. *Sociedades por Ações, comentários, casos e jurisprudência*, São Paulo, Revista dos Tribunais, 1999, p. 381). E o Tribunal de Justiça do Estado de São Paulo, na apelação nº 261.629-1, de 1996, relator o Exmo. Sr. Desembargador Alvaro Lazzarini, decidiu que acionistas que representem mais de 5% do capital social podem requerer judicialmente a exibição de livros sempre que forem apontados atos violadores da lei ou do estatuto e lhes for negado acesso aos mesmos (Paulo Messina e Paula Forgioni, *op. cit.* p. 379).

[162] Carvalhosa, Modesto, *op. cit.* v. 3, p. 364.

[163] MBCA/69, § 52.

[164] MBCA, chapter 16, § 16.01 a 16.04.

[165] Henn, Harry G.; Alexander, John R. *Laws of Corporations*. Ed. West Group, 1983, p. 536 e ss.

[166] Halminton, Robert. *Corporation*, Ed. West Publishing Co., 1997, p. 538.

direito de inspeção não é eliminável pelo estatuto (*articles of incorporation*), não cogita de órgão societário específico. Dessemelhança, pois, estrutural, identidade aproximada no básico. Mas, ainda com Hamilton, é exigido um *proper purpose*, junto para evitar, no mínimo, leviandades, quando postulará a inspeção.

Na Itália, Códice Civile prevê o Collegio Sindacale, com três ou cinco membros, exigindo-se deles formação contábil, com registro.

Na França, segundo René Rodiere[167] há o Comissário de Contas e há, e aí uma certa semelhança, o *expert de minorite*, cuja designação pode ser solicitada por acionistas que representem dez por cento do Capital Social. Porém, é bem de ver que a designação é endereçada ao Presidente do Tribunal de Comércio.

Portugal tem, em seu Código das Sociedades Comecial, arts. 413 e seguintes, o Conselho Fiscal, prevendo o art. 418 que a Minoria, nas condições nele mencionadas, possa indicar um membro do mesmo.

De tudo se dessume que através da fiscalização, direta, na Assembléia Geral ou até em juízo, ou indireta, mas interna com o Conselho Fiscal, o minoritário tem um instrumento de proteção que, bem utilizado, onde haja profissionalismo e seriedade, pode vir a revelar-se robusto na construção do panorama da transparência possível.

---

[167] Rodiere, René. *Droit Commercial*. Ed. Dalloz, 9ª ed. 1977, p. 218 e segs.

Direitos Essenciais dos Acionistas

6. Perspectiva sistemática dos direitos dos acionistas e deveres da administração

Para que se tenha com clareza a dimensão do relevo que assumem os Direitos dos Acionistas, em especial aqueles que não integrando o dito Bloco de Controle formam o contingente dos Minoritários, sobretudo a importância que a questão toma, pois daí se evidenciarão os requisitos para o êxito empresarial da Companhia, impende sejam examinados alguns aspectos que se destacam. É de inteira procedência que se indague da ponderação nas mecânicas internas da Companhia, particularmente no que diz respeito à conformidade das relações da administração com os Acionistas e o Meio. Do mesmo modo, é imperioso que se veja como ela, a Companhia, poderá se equipar para se forrar de vantagens comparativas e competir para captar recursos no Mercado, fazendo-o, também, em cima de práticas administrativas como a Governança Corporativa. Mas, uma vez que a perfeição pertence ao transcendente, e o Mercado tem falhas,[168] também é bem de se ver como o

---

[168] Se Adam Smith, na Riqueza das Nações (Smith, Adam, *A Riqueza das Nações*. v. I, Ed. Nova Cultural, tradução de Luiz João Baraúna, 1996, p. 438) afirma que há uma "mão invisível" (Keynes, John Maynard. *A Teoria Geral do Emprego, do Juro e da Moeda*, tradução de Maria Cruz, Ed. Nova Cultural, 1996, p. 341) já alude aos "principais defeitos da sociedade econômica" como as "desigualdades" e, embora creia haver razões para elas, não aceita as "grandes disparidades" e menciona que a "experiência pode mostrar até que ponto convém orientar a vontade popular, incorporada na política do Estado." Vale dizer, há falhas. Daí o planejamento, pois o processo (da oferta e da procura, no Mercado) deixou de ser seguro, como acusou Galbraith (Galbraith, John

Direitos Essenciais dos Acionistas

Estado atua para sua correção, sem invadir com o público o espaço do privado, mas sem permitir que o abuso deste cause nocividade àquele, o que acabaria causando danos ao poupador privado, em última análise. Tudo, certo, de modo sistemático.

6.1. Equilíbrio Interno

Depois de buscada a apresentação das Sociedades Anônimas, inclusive os aspectos históricos e contextuais, verificada a posição dos acionistas e examinados seus perfis, dissertou-se sobre os direitos que lhes são reconhecidos, aqueles a que a lei chama de Essenciais, e mais o de voto, foram discutidos os aspectos relativos às minorias, em especial aqueles que importam em atenção às eventuais insurgências contra decisões da Maioria, ou, ao menos, da Administração, que lhes são prejudiciais, ou assim parecem ser.

Inocultável que há, no âmbito interno das Companhias, uma dialética ou uma tensão.

Deste modo, é de todo relevante ver-se como a mesma é, no que se tem como positivado, equacionada.

Primeiro, é de todo correto que a Administração incumba à Maioria e, por igual, de todo acertado que a

---

Kenneth, *O Novo Estado Industrial*, tradução de Leônidas Carvalho, Ed. Victor Civita, 1982, p. 30), cuidando, ele, Galbraith de frizar que "o inimigo do Mercado não é a ideologia", mas a burocracia. Samuelson (Samuelson, Paul, *Economia*, tradução de Elsa Nobre Fontainha, Mc Graw Hill, Lisboa, 1993, p. 48), ensina que "Uma economia ideal, perfeitamente concorrencial – onde as decisões sobre a afectação dos recursos são tomadas através da troca voluntária de bens por dinheiro aos preços do mercado - , extrai a máxima quantidade de bens e serviços úteis dos recursos disponíveis da sociedade. Mas o mercado nem sempre atinge este ideal de perfeição. Em vez disso, as economias de mercado são prejudicadas pelo monopólio e poluição, juntamente com desemprego e inflação, e a repartição do rendimento, numa sociedade de puro *laissez-faire*, é por vezes bastante injusta". E, no caso brasileiro, isto é mais flagrante. Cláudio Bojunga, *in JK O Artista do Impossível*. Rio de Janeiro, Objetiva, 2001, p. 349 e 401, refere a "ausência de um mercado de capitais eficiente" e historia que o crescimento econômico não ocorreria "com rapidez e eficácia se contasse apenas com as forças impessoais do Mercado", o que o protagonista do livro sabia.

mesma possa exercer os deveres que daí decorrem com uma soma de poderes que seja congruente com as exigências impostas pela dinâmica negocial. De fato, mesmo nas pequenas sociedades comerciais a condução do empreendimento se desenvolve desta forma, desimpendendo decisões assembleares no cotidiano da empresa.

Mas, há parâmetros legais, em segundo lugar.

Primus, o sistema determina aos administradores que, sejam eles integrantes do Conselho de Administração, existente, com necessidade, nas Companhias Abertas, e facultativo, embora até (pouco) ocorrentes, nas Fechadas, sejam eles membros da Diretoria, acionistas ou não, eleitos e investidos, se submetam às normas relativas aos deveres e responsabilidades, conforme a Lei nº 6.404, art.145, tal como dito antes, no item 5.3.

A lei, utilizando um "tipo aberto", dispôs antes de tudo que o "administrador da companhia deve empregar, no exercício de suas funções, o cuidado e a diligência que todo homem ativo e probo costuma empregar na administração dos seus próprios negócios", na letra da Lei nº 6.404, art. 153. E ao fazê-lo não se afastou do que outras legislações têm predicado.

Com efeito, na Itália, o *Codice Civile*, art. 2.392, traz redação assemelhada, não esquecido que se trata, o Código Civil, de diploma que unifica o direito privado, pelo que as sociedades por ações são regidas pelo mesmo. Do mesmo modo, em Portugal, o Código das Sociedades Comerciais, art. 64, determina que "os gerentes, administradores ou diretores de uma sociedade devem actuar com a diligência de um gestor criterioso e ordenado, no interesse da sociedade, tendo em conta os interesses dos sócios e dos trabalhadores". O Model Business Corporation Act, versão 1984, dispunha que "a director shall discharge his duties as a director, including his duties as a member of a committee: (2) with the care an ordinarily prudent person in a like position would exercise under similar circumstances". (MCBA,

Direitos Essenciais dos Acionistas

chapter 8, subchapter C, Standards of Conduct, § 8.30, General Standards for Directors).

A doutrina se dividiu a respeito do emprego do *standard of care*.

Modesto Carvalhosa, com uma certa aspereza, critica a utilização do mesmo, mencionando ter a lei brasileira seguido o padrão norte-americano. Porém, não deixou de reparar que, subsumidas aí, estão as exigências de capacidade técnica, experiência e conhecimentos específicos.[169] Fábio Ulhoa Coelho, de uma certa forma, compartilha da visão crítica de Carvalhosa, mas depois de apontar as dificuldades operacionais, em razão de imprecisões, expressa entendimento no sentido de que a solução seria ver-se, no art. 153, a exigência de que o administrador empregasse técnicas administrativas.[170]

Ou seja, com isto impor-se-á ao Administrador a obrigação de gerir os negócios sociais, aos efeitos de, no interesse da Companhia, lograr seus fins, isto é, obter lucros, e maximizá-los. Para tanto, com ou sem formação teórica, com ou sem estudos superiores, inclusive em nível de pós-graduação,[171] haverá de ter o administrador as qualidades inerentes ao empreendedor; como a ousadia, a percepção do mercado e suas oportunidades, a capacidade de receber as informações que, aliás, não se distribuem de forma simétrica, correndo riscos. E o Sistema Legal terá de saber que é assim e, se dispor sobre limites, haverá de fazê-lo de modo a não sufocar o

---

[169] Carvalhosa, Modesto, *op. cit.*, v. 3, p. 228.

[170] Coelho, Fábio Ulhoa, *op. cit.*, v. 2, 242.

[171] Tem-se, atualmente, um desenvolvimento muito acentuado dos estudos complementares na área da Administração de Empresas, existindo, seja no Brasil, onde, entre outras Escolas, é reconhecido o destaque da Fundação Getúlio Vargas, seja no exterior, notabilizando-se, por exemplo, nos Estados Unidos Wharton, na Pennsylvania, aqueles designados como Máster of Business Administration, ou, pela sigla, MBA, cujos custos são elevados, mas que admitem graduados de várias áreas, e daí o afluxo de graduados sobre tudo em Engenharia, e tem assegurado aos egressos uma posição invejável no mercado de trabalho. Ou seja, vem ao encontro, com a qualificação profissional propiciada, daquilo que é buscado, daquele atributo perseguido, a empregabilidade. Contudo, não suprirão a ausência daquele outro talento, o empreendedorismo.

empreendedor num manto burocrático de formas a reduzi-lo à condição de um repetidor de rotinas.

A bem da verdade, é de dever noticiar que o Model Business Corporation Act, Versão 1984, que, aliás é a última até agora, tem sofrido modificações pontuais e, no caso, como informa Robert Hamilton, a alusão ao *ordinarily prudent person*, com a finalidade de encorajamento às decisões, vem de ser suprimida.[172]

Mas isto não esvazia as virtudes das referências éticas.

Por isso, Rubens Requião, até porque vê nas sociedades anônimas o *locus* de vários interesses, desde os privatísticos até os sociais, destaca os compromissos de natureza ética.[173]

Em realidade, desimporta se houve ou não adesão ao figurino norte-americano e se isto representa a adoção do modelo do direito do país economicamente hegemônico. Antes porque não é possível, especialmente em razão de idiossincrasias, recusar-se a idéia de que os Estados Unidos são um país melhor sucedido na solução das questões socioeconômicas. Depois, porquanto a inscrição de regras de *fairness* em si já são positivas. Por fim, se os *standards* são padrões normativos e se estabelecem parâmetros ou *condutas-tipo*, "que devem ser observados pelo administrador", como fala Modesto Carvalhosa,[174] as observações do mesmo sobre serem eles, os *standards*, próprios da Legislação Americana e sobre haver a remessa à Doutrina e à Jurisprudência para a configuração das práticas que caracterizariam infringências aos padrões referidos não teriam sentido negativo. Ao contrário, representariam um avanço.

Secundus, também se imporá ao administrador uma gama de deveres pelos quais pautará sua conduta. São eles de enorme relevância e condicionam a administra-

---

[172] Hamilton, Robert. *Law of Corporation in a Nutshell*, 5ª Ed. West Group, 448.
[173] Requião, Rubens, *op. cit.*, v. II, 190.
[174] Carvalhosa, Modesto, *op. cit.*, v. 3, 229.

ção. Aqueles de satisfazer as exigências do bem público e de cumprir a função social da empresa realçam.

Aí, com Carvalhosa,[175] entender-se-á como Bem Público "o conjunto de valores do grupo social". Então, uma vez que a atividade econômica organizada que se desenvolve, *rectius*, a "empresa", possa afetá-lo, a mesma terá de ter cuidados com isto de modo que o empreendimento tocado não o agrida.

Relevante também referir que a Lei, do mesmo modo, impôs ao administrador cumprir a Função Social da Empresa, ou dever ter em conta que a atividade econômica organizada exercida pela Sociedade Anônima, que é feita presente por ele, Administrador, terá de se afeiçoar a esta exigência. Ricardo Luiz Lorenzetti,[176] ao dissertar sobre a mesma, ensina que "a função permite o exercício de faculdade como as que se reconhecem ao proprietário, mas ao mesmo tempo se impõem deveres, como os que resultam do uso regular deste direito conforme uma finalidade social". Tudo porque a atividade empreendida não se circunscreverá ao âmbito interno, a sede e as instalações, o local do estabelecimento. Ao contrário, transcenderá tais limites e atingirá seu meio ambiente, seu *locus*, mas repercutindo dentro.

Por isso, voltando a Carvalhosa, este projeta, embora de forma enxuta, aspectos que são tocados com a atividade, com a empresa, bem ou mal.

De fato, de acordo com o mesmo[177] e reproduzindo-o *in litteris*, tem-se que:

> "A função social da empresa deve ser levada em conta pelos administradores, ao procurar a consecução dos fins da companhia. Aqui se repete o entendimento de que cabe ao administrador perseguir os fins privados da companhia, desde que atendida a função social da empresa. Consideram-se princi-

---

[175] Carvalhosa, Modesto, *op. cit.*, v. 3, 237.

[176] Lorenzetti, Ricardo Luiz. *Fundamentos do Direito Privado*, São Paulo, Revistas dos Tribunais, 1998, p. 312.

[177] Carvalhosa, Modesto, *op. cit.*, v. 3, 238.

palmente três as modernas funções sociais da empresa. A primeira refere-se às condições de trabalho e às relações com seus empregados, em termos de melhoria crescente de sua condição humana e profissional, bem como de seus dependentes. A segunda volta-se ao interesse dos consumidores, diretos e indiretos, dos produtos e serviços prestados pela empresa, seja em termos de qualidade, seja no que se refere aos preços. A terceira volta-se ao interesse dos decorrentes, a favor dos quais deve o administrador da empresa manter práticas eqüitativas de comércio, seja na posição de vendedor, como na de comprador. A concorrência desleal e o abuso do poder econômico constituem formas de antijuricidade tipificadas. Ainda no que tange aos concorrentes, as diversas formas de espionagem industrial e do uso indevido de processos e de desenhos e outros direitos reservados e registrados constituem moderna modalidade delituosa dos administradores de empresa, capituláveis como contrárias à sua função social. E ainda mais atual é a preocupação com os interesses de preservação ecológica, urbana e ambiental da comunidade em que a empresa atua. O compromisso com a preservação da natureza transcende, outrossim, os aspectos meramente comunitários, para se colocar num plano universal. A produção de elementos nocivos não só ao homem, como também à fauna e à flora, constitui dano de igual importância."

A escolha de administradores idôneos, então, através do processo eleitoral societário, com a participação dos acionistas minoritários, inclusive com a adoção do procedimento do voto múltiplo, previsto na Lei nº 6.404, art. 144, com os acréscimos da Lei nº 10.303, de 31 de outubro de 2001, é elemento de sumo relevo no ponto na medida em que torna a Administração mais permeável às Minorias, fiscalizando estas a forma de exercício dos diretores e estando presentes na formulação, pelo cole-

Direitos Essenciais dos Acionistas

giado que integrarão, de políticas administrativas que condigam com os princípios norteadores. Do mesmo modo, uma vez que se façam representar nos órgãos de administração, as mesmas proverão, é lícito supor-se tal, no sentido de que as regras relativas aos direitos sejam observadas e, até, se corrija aquela imagem sobre serem as minorias, sobretudo se constituídas por preferencialistas, meras prestadoras de capital e destinatárias de desconsideração e desprezo.

Evidente que as tensões internas não estão todas superadas. E o quadro atual, ainda depois da Lei nº 10.303, não equivale, ao "nirvana societário".

Mas há, é de assim se considerar, um estoque de instrumentos de defesa das minorias contra a opressão da Maioria. Enseja-se a convocação da Assembléia Geral, possibilita-se a participação, inclusive na eleição dos administradores, garantem-se alguns direitos ditos essenciais, em especial aqueles de fiscalização, diretamente ou através do Conselho Fiscal, para cuja formação contemplar-se-á a Minoria, e de retirada, tendo sido suprimidas da legislação aquelas restringendas que haviam sido introduzidas, em função de aspectos conjunturais, como o dito processo de privatização. Igualmente, os adquirentes do controle da Companhia, isto é, aqueles que adquirirão as ações dos controladores, ou dos que sejam, na expressão legal (Legal nº 6404, art. 254-A, redação da Lei nº 10.303, de 30 de outubro de 2001), integrantes do bloco de controle, a assegurar preço mínimo igual a 80%, daquele pago aos mesmos, para os demais, incluídos aí, assim, os minoritários, o chamado *tag along*.

Há, é certo, aquelas críticas de Carvalhosa[178] a

---

[178] Carvalhosa, Modesto; "Optou, portanto, a lei brasileira pela institucionalização do fenômeno do absenteísmo dos acionistas, tornando-o irreversível e assegurando aos controladores, com um percentual ínfimo de ações, o domínio absoluto da companhia. Essa visão oligárquica responsável, após trinta anos, pela não-implementação do mercado de ações no País foi fragilizada, quanto às ordinárias ao portador, pela Lei nº 8.021, de 1990, e, quanto às preferenciais, pela Lei nº 9.457, de 1997, ao dar nova redação ao art. 17. Serve, portanto, a supressão do voto às ações preferenciais à mesma finali-

respeito da divisão das ações e há outras referidas por Osmar Brina Correa Soares.[179]

Contudo, também é de dever saber-se que, sempre que os administradores extrapolarem as limitações que o sistema traz, é lícito aos acionistas, todos, embutidos aí os minoritários e os preferencialistas, a promoção das medidas judiciais cabíveis para a apuração de responsabilidade civil daqueles.

Resumindo, há, no sistema legal, uma busca de um equilíbrio interno, que procura conciliar a agilidade administrativa, conseguida com critérios de governabilidade, com a observância de princípios condicionantes e com o respeito aos direitos dos acionistas.

Quer-se dizer, com Ricardo Luiz Lorenzetti[180], que o citou, e com o próprio John Rawls,[181] "a cooperação justa implica uma idéia de reciprocidade e mutualidade; todos que colaboram devem beneficiar-se disto ou participar dos esforços comuns".

Desde que, no caso de diferenças, maximizem-se as expectativas dos menos favorecidos.

Tais regras, ainda com Lorenzetti, "permitem resolver a tensão relacional entre os direitos competitivos e estabelecer a compatibilização com os bens públicos",[182] com o que se tem, ao menos vetorialmente, o rumo do ponto ótimo, dentro do que se chamariam moral e ética empresariais com Klaus M. Leisinger e Karin Schmitt[183] realçando as normas e valores vinculantes na Empresa e

---

dade das ações de voto plural, admitidas em outros países, permitindo a concentração de poder em mãos das minorias controladoras." *Op. cit.*, 1, 124.

[179] Correa Soares, Osmar Brina: "Tendo em vista essas 'vantagens' das ações preferenciais, e talvez para compensar os titulares de ações ordinárias, o legislador permitiu que o estatuto social deixe de conferir àquelas algum ou alguns dos direitos reconhecidos a estas, inclusive os de voto, ou que os confira com restrições (art. 111)." *op. cit.*, 59.

[180] Lorenzetti, Ricardo Luiz, *op. cit.*, 310.

[181] Rawls, John. *Uma Teoria da Justiça*, Martins Fontes, 1997, p. 83.

[182] Lorenzetti, Ricardo Luiz, *op. cit.*, 310.

[183] Leisinger, Klaus M.; Schmitt,Karin. *Ética Empresarial, Responsabilidade Global e Gerenciamento Moderno*, Tradução de Carlos Almeida Pereira, Petrópolis, Vozes, 2001, p. 22 e ss.

Direitos Essenciais dos Acionistas

ensinando que nela se harmonizariam sua liberdade de ação e suas solidariedade e cooperação.[184]

6.2. Captação de Recursos no Mercado

Tem-se uma realidade socioeconômico que apresenta como característica maior a opção pelo Mercado e que transcende o espaço do Estado-Nação posto que há em curso, ainda que não linear, sobretudo no que se diria respeito aos benefícios e ainda que sujeito a ciclotimias, ora acelerando-se, ora freando, um processo de globalização. O espaço da economia, então, é o Mundo. E é o evidente que tudo repercute no Universo Jurídico, seja com vistas à produção normativa, seja com relação à sua observância, sendo de se fazer coro às advertências de Jose Eduardo Faria quando mesmo refere que alguma informação econômica é de "vital importância",[185]

---

[184] Leisinger, Klaus M.; Schmitt,Karin. *Ética Empresarial*: "Para uma empresa valem as mesmas metas primárias que para as pessoas individuais: a de sua existência, a de sua liberdade de ação e a de sua solidariedade, entendida no sentido de cooperação. Por isso, a ética empresarial, em todos os casos, só pode referir-se àquela classe de ações e medidas que podem ser harmonizadas com a garantia de existência da empresa no mercado, ou que a põem em risco. A empresa precisa de liberdade de ação, pois do contrário ver-se-ia privada de toda iniciativa, e com isto de todo processo econômico. A questão se na busca do lucro as empresas estão sujeitas às leis morais em vigor há muito já foi respondida positivamente. Também o mundo dos negócios reconhece que sua responsabilidade não envolve unicamente os eventuais resultados financeiros da empresa. Não existe nenhuma moral especial para as empresas, nem mesmo para as multinacionais. Mas existem expectativas de ação mais amplamente definidas. No tocante à desmistificação dos 'lucros'. E com mais razão ainda no tocante à economia lucrativa em países em desenvolvimento, sempre de novo é necessário lembrar para a conversão de padrões morais toda empresa depende em última análise de conseguir lucros além do necessário para cobrir os custos. Entre conduta moral e economia lucrativa não existe nenhuma relação de exclusão: 'ou um ou outra'. Não é o lucro como tal, nem o seu valor, o que importa para análise ética, mas sim a maneira de obtê-lo, bem como a justa aplicação situacional do princípio de lucro. Como critério de qualidade, entram aqui grandezas como razão, justiça, adequação, dignidade humana e lisura."
[185] Faria, Jose Eduardo. *O Direito na Economia Globalizada*, São Paulo, Malheiros, 1999, p. 55.

uma vez que "e preciso muita clareza a respeito do alcance e da natureza desse fenômeno".[186]

Impende, pois, reconhecer-se que o mercado internacionalizou-se ou, com José Eduardo Faria[187] e *in verbis*, adveio a "transnacionalização dos mercados de insumos, produção, capitais, finanças e consumo", ainda, Paul Krugman[188] e George Soros[189] delineiam um esboço histórico-evolutivo de tal processo, informando os mesmos que em dado momento, enfraquecida a Economia Liberal (e, adjunta-se aqui às expensas próprias, debilitadas as democracias), a presença do Estado era robusta, figurando como ator principal. Porém, destas atividades decorreram, até aos efeitos de atendimento seja de gastos necessários, seja de promessas de natureza político-eleitoral, a superação da arrecadação tributária e, de conseqüência, para a cobertura daqueles gastos, uma expansão fora de controle da moeda, logo sua corrosão em processos inflacionários com seus corolários, como descreveu José Eduardo Faria,[190] constrangendo a ação estatal,[191] ou seja, esgotou-se o modelo. Andre-Jean Arnaud,[192] também desenvolve delineamento análogo, mesmo que com viés crítico.

---

[186] Faria, José Eduardo, *op. cit. loc. cit.*

[187] Idem, p. 14.

[188] Krugman, Paul. *Internacionalismo Pop.* Campus, 1997, p. 25 e ss.

[189] Soros, George. *A Alquimia das Finanças.* Nova Fonteira, 1994, p. 35 e ss.

[190] Faria, José Eduardo, *op. cit.*, p. 117: "O que se passa a verificar, então, é uma progressiva inefetividade política, administrativa, normativa, operacional e até organizacional do 'Estado Keynesiano'", que é como o autor, Faria, o denomina para tal etapa histórica.

[191] Faria, José Eduardo, *op. cit.*, p. 124: "Se no âmbito da economia, a inflação liquida com a reciprocidade de expectativas inerentes às bases contratuais *in omissis...* nas duas inflações o resultado termina sendo basicamente o mesmo: as relações permanentes entre os agentes produtivos e os sujeitos do direito tendem a se dar em termos cada vez mais desordenados e imprecisos, e não institucionalmente balizados a ponto de numa situação extrema, tornarem-se praticamente sem sentido".

[192] Arnoud, Andre-Jean. As Transformações do Direito dos Mercados Financeiros, *Revista de Direito Mercantil*, n. 117, p. 32 e ss. onde se lê: "As questões que se põem, a este respeito, são, essencialmente, as seguintes: será que os direitos estatais são ainda de uma eficiência real na regulação dos mercados financeiros? Ou seja, será que os juristas dispõem de um direito financeiro apto a assegurar a regulamentação dos mercados financeiros num contexto

---

Direitos Essenciais dos Acionistas

Outra variável a ser tida em conta é o formidável avanço tecnológico ocorrido, particularmente naquilo que diria respeito às comunicações, que se tornaram possíveis, internacionalmente, em "tempo real", posto que tal bloqueou também a ação do Estado,[193] que é, como a qualifica José Eduardo Faria, lenta.[194]

Quer-se dizer, o Estado como agente direto encolheu-se, e a atividade econômica passou (voltou) a ser desempenhada, predominantemente, pela Livre Iniciativa, no Mercado, em especial pela(s) Sociedade(s) Empresária(s), como destacou José Eduardo Faria,[195] observando que "a empresa privada substitui o Estado como ator principal", cedendo, pois, o Estado-Nação, o Estado-Providenciário, o Estado Keynesiano.

globalizado? Ou, pelo contrário, será que podemos observar formas de regulação dos mercados financeiros, alternativas ou paralelas àquelas dos direitos estatais? E se sim quais?" E "No entanto, mesmo um mercado desregulamentado não pode ser totalmente desprovido de regulação. Os quadros jurídicos nacionais podem mostrar-se insuficientes, ou mesmo inadaptados: na medida em que estes constituem travões à atração dos mercados em concorrência, um tal enquadramento das atividades financeiras revela-se indispensável, nem que seja para proteger os investidores, a integridade e a segurança dos próprios mercados. Mas qual enquadramento jurídico?" E que "O setor financeiro constitui muitas vezes uma parte estratégica da atividade de um país. A salvaguarda ou o desenvolvimento desta atividade representa ganhos macroeconômicos importantes em termos de crescimento, de empregos, de financiamento público mesmo se o custo de uma concentração excessiva não deva ser desprezado."

[193] José Eduardo Faria, na obra já citada, à p. 35, afirma que "quanto mais veloz é a integração dos mercados num 'sistema-mundo' ou numa 'economia-mundo'", mais fica reduzida "a capacidade de coordenação macro-econômica dos Estados-Nação e com isso" há o impedimento "de implementar políticas Keynesianas de altas taxas de dispêndio público para sustentar quer o crescimento, quer o emprego".

[194] Faria, José Eduardo, *op. cit.*, p. 30: "A comunicação global em tempo real tende... *omissis*... a esvaziar determinadas iniciativas tanto de líderes políticos quanto de autoridades governamentais, que são naturalmente lentas e pausadas por dependerem de inúmeras consultas e negociações para serem levadas à frente".

[195] Faria, José Eduardo, *op. cit.*, p. 62. : "... a um fenômeno complexo e intenso de interações transnacionais, onde a empresa privada progressivamente substituiu o Estado como ator principal, criando algo qualitativamente diferenciado de quase tudo o que se teve até agora em matéria de ordenação socioeconômica e de regulação político-jurídica; à avassaladora dimensão alcançada pelos movimentos transnacionais de capital, especialmente o financeiro; e a formação de uma hierarquia dinâmica de acesso e trocas desiguais entre os fatores de produção, com amplitude mundial."

Novo cenário, novas regras.

Revogaram-se os monopólios estatais, abriu-se o Comércio Mundial e desregulamentou-se o Mercado Financeiro.

Observe-se, contudo, que nada disto é absoluto e que nada está posto com foros de definitividade, pois tudo está sujeito às injunções que caracterizam a época, adotadas as referências feitas acima tão-só para se ter uma base de raciocínio.

Pelo que advieram mudanças jurídicas, pois no novo palco, o Mercado, o ator principal é a Sociedade Empresária e esta também recebeu impactos nessa nova realidade, uma vez que, na busca de vantagens comparativas, sua estruturação técnico-jurídico sofreu modificações. Assim, e em primeiro lugar, há que se considerar que estruturas organizacionais, a adoção de sistemas administrativos mais ágeis resultantes de um processo de reengenharia, a necessidade, algumas vezes, de um enxugamento e a introdução de métodos de gestão idôneos, foram postos em exercício. Mas para tanto impuseram-se alterações jurídico institucionais e daí surgiram questões.

De fato, se, por um lado, é tomado como constante que o processo econômico se desenvolve no Mercado e neste os Agentes são privados como, por exemplo, a Sociedade Empresária, e se, por outro, já que o quadro é o da competição e para tal buscam-se as vantagens comparativas, a mesma sofreu modificações. Mas daí também resultaram questões.

Para competir é fundamental que haja recursos, e as modificações aludidas ensejaram "o acesso dos capitais privados e importantes espaços de acumulação real".[196] Houve, segundo José Eduardo Faria, um "desentravamento jurídico",[197] que levou a um "capitalismo crescentemente protagonizado por gerentes anônimos com amplos poderes decisórios e operacionais sobre uma

---

[196] Faria, José Eduardo, *op. cit.*, p. 66.
[197] Idem.

Direitos Essenciais dos Acionistas

gama enorme de recursos".[198] Disso se originou uma elaboração legislativa para emprestar solução às questões emergentes. Inclusive para limitar ou controlar tais poderes (cap. 7, 7.1.).

Foi o que objetivou a Lei nº 6.404, como explicitado por seus redatores iniciais e reproduzido por Lamy Filho.[199] E foi o que flagrou José Eduardo Faria ao dizer que "como decorrência desse amplo processo de racionalização surgem problemas jurídicos cada vez mais complexos",[200] como – e é o que releva aqui neste trabalho – a estrutura societária, o controle acionário, o abuso do poder do controlador, a proteção dos acionistas minoritários e a responsabilização dos gestores.

Porém, e isto é o tema mais crucial, na mesma medida em que a alteração do cenário provocou as modificações estruturais e legais, estas, sistemicamente se voltam sobre aquele, interagindo. Poder-se-ia, sem erros maiores, afirmar que se teriam *in puts* e *out puts*.

Certo, trata-se de se construir um sistema jurídico que equipe as Sociedades Empresárias, em especial as Sociedades Anônimas, de um aparato legal que as dote das vantagens comparativas. Por isso, José Eduardo Faria ensina que "se interessa aos Estados maximizar uma produção de bens o serviços em suas fronteiras capaz de propiciar crescimento e empregos, não sendo mais relevante – como até poucas décadas atrás – a origem do capital" e "o que importa é atraí-lo para sua

---

[198] Faria, José Eduardo, *op. cit.*, p. 66.

[199] Lamy Filho, Alfredo, *op. cit.*, p. 135.

[200] Faria, José Eduardo, *op. cit.* p. 72: "Como decorrência desse amplo processo de racionalização organizacional, decisória e operacional (responsável pelo surgimento de problemas jurídicos cada vez mais complexos em matéria de contratos, estrutura societária, estratégias de controle acionário, abuso de poder do controlador, proteção dos acionistas minoritários, responsabilização civil e criminal dos gestores, formação de cartéis, *dumping*, controle da concentração econômica, bem como em matéria de estelionato, violação de correspondência eletrônica, acesso ilegal a arquivos, proteção dos direitos autorais, falsidade ideológica interceptação de informações, 'fraudes telemáticas' e várias outras formas de borderless crimes surgidas com a universalização do uso da informática), a tradicional multinacional é gradativamente substituída pela companhia global ou pela corporação transnacional".

própria esfera econômica" realizar-se-á a adequação supra-referida através de "a) um ambiente político-legislativo estável e previsível, b) de uma estrutura econômica flexível e adaptável às transformações tecnológicas, c) de um padrão mínimo de 'governabilidade', em termos de vigor, determinação e eficiência e, por fim d) de promoção do investimento doméstico e a ampliação da poupança privada".[201] O contrário seria a perda das vantagens comparativas.[202] [203]

Dentro deste panorama, porque para sua atividade, a saber, produzir e/ou distribuir bens, mercadorias e serviços no Mercado há a necessidade de recursos e para obtê-los, para captá-los impende veja o investidor possibilidades de retorno, é de dever que haja a oferta, seja, na linguagem imprópria mas praticada, a "empresa" "vendida", isto é, apresente-se a sociedade empresária sedutoramente, pois como ensina Valdir de Jesus Lameira, "o principal alvo da empresa é atender aos objetivos dos acionistas, caso contrário o capital ali aplicado irá migrar para outro investimento".[204] É óbvio que há outros alvos (cap. 6, 6.1), mas os mesmos só são atingidos se a empresa se viabiliza e para tanto terá de contar com o acionista. E não é difícil demonstrar-se, pois são conhecidos os pesos dos encargos financeiros se buscados recursos no Mercado Financeiro ou Creditício.

Tem-se, é verdadeiro, de computar aí uma variável de natureza cultural.Reconhecidas aí insuficiências da Poupança Interna, e ainda moduladas as soluções no quadro do "Estado Keynesiano", os recursos eram hauridos dos bancos oficiais ou através de mecânicas como a dos incentivos fiscais, no Mercado Interno, ou de

---

[201] Faria, José Eduardo, *op. cit.*, p. 100-101.

[202] Faria, José Eduardo, *op. cit.*, p. 107.

[203] A respeito das "vantagens comparativas", Mario Henrique Simomsen, *in Ensaios Analíticos*, recorda os Princípios de Economia Política e Tributação, de David Ricardo pondo que "a troca de mercadorias não é regida pelas vantagens absolutas" (p. 302).

[204] Lameira, Valdir de Jesus. *A Estrutura de Capital das Sociedades Anônimas*, Forense Universitária, 2001, p. 40 e ss.

Direitos Essenciais dos Acionistas

empréstimos externos,[205] estes porém tendo contra si a questão da variação dos termos de paridade cambial. Isto, somado ao temor da perda do poder de controle, afastou a idéia de que os recursos trazidos do Mercado de Capitais pudessem ser mais adequados. Mas as secas das fontes estatais que irrigam o sistema e a necessidade de sobrevivência, ainda que existam resistências sensíveis e empiricamente perceptíveis, irão modificar o panorama.

A realidade se encarrega de alterar os comportamentos, pois.

Assim, funcionará como fatores incentivadores da formação de um Mercado de Capitais, favorecendo a captação da poupança, aquele conjunto de mecanismos que se viram analisados.

6.3. Governança corporativa

Para Valdir de Jesus Lameira, "define-se governança corporativa, com propriedade, nos meios acadêmicos, como o conjunto dos mecanismos econômicos e legais que são alterados por processos políticos, objetivando melhorar a proteção dos Direitos dos Acionistas e Credores (investidores de uma forma geral) em uma sociedade".[206]

Com efeito, percebido que há a necessidade de recursos e não advindo estes, mais, de origens estatais por tudo o que já foi dito antes, portanto tendo de haver a captação dos mesmos no Mercado e tendo de haver a captação da poupança, interna ou externa, privada, os tomadores, no caso a Sociedade Anônima, teve de considerar a posição dos fornecedores dos mesmos, em especial, os acionistas e, entre eles, os minoritários. Isto,

---

[205] Entre as mobilidades está a prevista na famosa Resolução n° 63 , com base na Lei n° 4.131.

[206] Lameira, Valdir de Jesus. *Governança Corporativa*, Forense Universitária, 2001, p. 29.

sobretudo, aos fins de afastar a idéia, particularmente no caso de minoritários estrangeiros, de que sejam expropriados de seus lucros. Ou seja, Jesus Lameira, estabelece que "somente serão carreados recursos para economias onde as experiências dos investidores estrangeiros tenham sido exitosas em termos da manutenção do seu estado de direitos".[207]

Vale dizer, a Governança Corporativa supraconceituada tem objetivos, como de gerar o sentimento de confiança, e tem uma pauta de assuntos que lhe diz respeito. Jesus Lameira alude ao processo de tomada de decisões em que possa haver conflitos entre os administradores e os acionistas.[208] Já Robert W. Hamilton refere o limitado papel do pequeno acionista, o aumento do significado do investidor institucional, as questões da condução negocial e do objetivo de maximização dos ganhos.[209]

E para tanto impor-se-ia um conjunto de práticas caracterizadoras. Jesus Lameira, inclusive, escorado em João Bosco Lodi, enumera alguns pontos.

Assim: "1. o presidente do Conselho não deve ser presidente da diretoria (ou diretor-presidente); 2. deve haver maioria de conselheiros externos aos acionistas; 3. os conselheiros externos não devem ser ex-diretores; 4. o diretor-presidente (ou presidente da diretoria) deve ser profissional contratado; 5. deve existir uma avaliação anual do diretor-presidente da diretoria; 6. deve inexistir conflito de interesses ou negócios comuns entre o conselheiro externo e a empresa; 7. deve haver avaliação anual dos conselheiros; 8. o conselheiro vindo do mercado não deve ter participado de mais de cinco conselhos anteriormente; 9. o conselheiro deve dispor de pelo menos dois dias para o acompanhamento dos negócios da empresa e para se interar das atividades da empresa; 10. o conselheiro deve promover a existência e deve

---

[207] Lameira, Valdir de Jesus, *op. cit.*, p. 30.
[208] Idem, p. 31.
[209] Hamilton, Robert W. *Corporations West Publishing Co*, 4a ed., p. 357 e ss.

participar de comitês de auditoria, de finanças, de estratégia, comitê de assuntos jurídicos que envolvam a empresa, entre outros que se mostrem importantes."

Mas a Bovespa, a saber a Bolsa de Valores de São Paulo, tem um Regulamento de Práticas Diferenciadas de Governança, e nele, depois de algumas definições,[210] até se colocam níveis, Nível I e Nível II, com maiores exigências a este último. Por certo, a adesão à listagem tem por escopo cooptar investidores como, permitido o símile, a obtenção de Certificado ISO 9000 tem o de vender um produto de serviço.

No trabalho, a citação à existência da Governança Corporativa objetiva a comprovação do fato de que a captação de recursos na esfera privada tem como preço a ser pago a adequação da Companhia às exigências do Mercado, sobremaneira o respeito aos acionistas para que se afaste antigo pensamento ostensivamente posto sobre serem os minoritários "tolos" e "pretensiosos", pois, antes, aplicavam suas poupanças e, depois, exigiam retorno.

De tudo resultará a construção de um Sistema Societário.

6.4. Intervenção Estatal: CVM

Não se discute a questão da Intervenção Estatal na Economia. Ela é ou está. Aliás, Mario Henrique Simonsen, nos seus Ensaios Analíticos,[211] depois de referir a assimetria das informações e asserir criticamente que um falso liberalismo houvera impedido uma ação governamental oportuna e eficaz, impedindo a Grande Depressão, ensina que "a maneira de evitar um pânico financeiro consiste em o governo fiscalizar os bancos,

---

[210] Ve-se que, qualquer que seja o sistema jurídico, seja no *Model Business Corporation Act*, seja no velho regulamento nº 737, há sempre a busca de referências e, mais, de definições.

[211] Simonsen, Mario Henrique. *Ensaios Analíticos*, Fundação Getúlio Vargas, 1994, p. 274.

acudir as crises de liquidez via redescontos e proteger o público com o seguro-depósito" e que "na mesma linha, fiscalizar a emissão de ações pelas companhias abertas, evitando a assimetria de informações, ou seja, a manipulação pelos que detêm informações privilegiadas, os apelidados *insiders*", e aí lembra-se o que se disse ao se analisarem os perfis dos acionistas, aos fins de "minimizar as incertezas quanto às regras do jogo". Pragmaticamente, pois como o mesmo Professor Simonsen alertou em artigo publicado na revista Exame, a "economia não é para fanáticos".[212] Os mais eminentes tratadistas da matéria não discordam. Por exemplo, Paul Samuelson,[213] Prêmio Nobel de Economia, professa que "as economias, por vezes sofrem de falhas do Mercado"; que "um dos graves desvios... *omissis*... deriva dos elementos de concorrência imperfeita ou monopolistas", que "os mercados não produzem necessariamente uma repartição do rendimento que seja encarada como socialmente justa ou eqüitativa", pois "uma economia de mercado de puro *Laissez-faire* poderá produzir elevados níveis de desigualdade de rendimento e de consumo que sejam estáveis". Entre colchetes, mencionar-se-ia de novo Mario Henrique e seus Ensaios Analíticos[214] de vez que, ali, encontra-se observação de fina ironia, afirmando o Prof. Simonsen que "a eficiência de Pareto não é diploma de Justiça Social" (embora a ineficiência seja "sintoma de desperdício inútil"). Contudo, Samuelson vê como funções econômicas do governo a promoção da eficiência, da eqüidade e o estímulo ao crescimento econômico, fazendo-o ao legislar e assegurando o cumprimento dos contratos, mas corrigindo aquelas falhas.[215]

Evidente que uma correta mecânica de intervenção que evite a burocratização e não seja razão de entrava-

---

[212] Simonsen, Mario Henrique. *O melhor de Simonsen*, Exame, Abril de 1997.
[213] Samuelson, Paul Anthony. *Economia*, 14ª ed. Mac Graw-Hill, 1993, p. 48 e ss.
[214] Simonsen, Mario Henrique, *op. cit.*, p. 269.
[215] Samuelson, *op. cit. loc. cit.*

Direitos Essenciais dos Acionistas

mento, contribui para a formação de um quadro de estabilidade e estímulo ao crescimento econômico.

Aos efeitos do presente, a intervenção estatal que vem a interessar é aquela que se projeta sobre o Mercado de Capitais. No caso, a *longa manus* do Estado é a Comissão de Valores Mobiliários, a C.V.M. Trata-se a de, segundo a Lei nº 6.385, de 7 de dezembro de 1976, com a redação emprestada pela Medida Provisória nº 8, de 31 de outubro de 2001, entidade autárquica em regime especial, vinculada ao Ministério da Fazenda, dotada de personalidade jurídica, com fins aí previstos e com competência estabelecida.

A Lei nº 6.385, de 7 de dezembro de 1976, com a redação emprestada pela Lei nº 10.303, de 31 de outubro de 2001, cogitou de aspectos em que se revela e tem relevo a Intervenção Estatal. Assim, a emissão e distribuição de valores mobiliários no mercado, a negociação e intermediação no mercado de valores mobiliários, inclusive os derivativos, sobre o que se aludiu anteriormente (item 3.4) e a organização, o funcionamento e as operações das Bolsas de Valores e das Bolsas de Mercadorias e Futuros, em razão do fato de haver aí interesses públicos de importância, são atos e operações que são disciplinados e fiscalizados pela Comissão de Valores Mobiliários, porquanto compete à mesma o poder de regulamentação, fiscalização e registro (Lei nº 6.385, art. 8º). E, ainda, aos fins de dar condições de cumprimento do previsto na Lei nº 6.404, art. 4º, sobre ser ou não a Sociedade Anônima uma Companhia Aberta, segundo o que já dispunha a Lei nº 4.728, de 14 de julho de 1965, art. 19, e ratifica a Lei nº 6.385, arts. 19 e 21, uma vez que é de dever o prévio registro, antes perante o Banco Central, agora junto à CVM, a esta compete editar as normas gerais sobre as condições que devam ser atendidas e sobre os requisitos que devam ser satisfeitos (Lei nº 6.385, art. 18, Redação da Medida Provisória nº 8, de 31 de outubro de 2001). Aliás, a Portaria nº 327, de 11 de julho de 1977, do Ministro de Estado da Fazenda, dispôs sobre o Regulamento Interno da Comissão de Valores Mobiliários, detalhando o *modus operandi* desta *secundum legem*.

Então, foi editada, na ordem lógica, não cronológica, a Instrução CVM nº 13, de 30 de setembro de1980, cuidando do registro da Companhia na Comissão de Valores Mobiliários. Na mesma vê-se que se exige aquele Estudo de Viabilidade Econômica, referido na Lei nº 6.404, art. 82, e que deverá contemplar uma análise de demanda do produto e/ou serviço da Sociedade Anônima que se quer aberta, suprimento de matérias-primas e o retorno do investimento, registro este que será negado se o empreendimento se evidenciar temerário ou forem inidôneos os fundadores. Já para fins de cancelamento, ou de, no jargão de Mercado, fechamento do capital, tem-se a Instrução CVM nº 361, de 5 de março de 2002, que trata dos procedimentos. Até de ofício, poderá a CVM agir, nas condições ditadas pela Instrução nº 287, nos casos de extinção da Companhia (Lei nº 6.404, art. 219), no caso de cancelamento do registro comercial ("baixa" na Junta Comercial, que é o Órgão de Execução do Registro de Empresas, na forma da Lei nº 8.934, de 18 de novembro de 1994).

Cumprindo sua destinação e agindo nos parâmetros de suas atribuições, para impedir seja o público atraído para a subscrição e aquisição de ações através de indução em erro, com, por exemplo, frustração às exigências de serem sérios o estudo de viabilidade econômica e o prospecto aludidos na Lei nº 6.404, arts. 82 e 84, a autarquia editou a Instrução CVM nº 8, de 8 de outubro de 1979, em que se coíbem a criação de condições artificiais de demanda, a manipulação de preço e operações fraudulentas, bem assim as práticas não eqüitativas (que quebrariam a *fairness*).

Mais, com relação ao que se passa na Companhia Aberta, definiu a Comissão, através a Instrução CVM nº 358, de 3 de janeiro de 2002, o Ato ou Fato Relevante, que deve ser divulgado e expresso com mais detalhes o

Direitos Essenciais dos Acionistas

dever de guardar sigilo acerca de informação privilegiada, inclusive quando disser respeito à aquisição de ações com direito a voto (Inst. CVM 69/87).

Certamente, ao assim fazê-lo, o Estado, *rectius*, sua *longa manus*, tinha em conta as "informações assimétricas", que lesariam a *fairness*, procurando então corrigir e assegurar práticas eqüitativas. Claro, nem sempre há sucesso, o que, aqui, desimporta, importando a principiologia. Tanto é assim que chegou a ocorrer o lançamento de um "Plano de Desenvolvimento de Mercado de Valores Mobiliários" (Instrução CVM nº 86/88), que tinha como premissa "a certeza de que o desenvolvimento do mercado passa, inequivocamente, pelo aperfeiçoamento dos sistemas de controle e divulgação das informações prestadas..."

6.5. Considerações complementares

Há publicação que veicula o pensamento de economista sobre o dissertado[216] e que menciona que "a reforma dos Mercados de Capitais está na agenda do Brasil e de vários países". Por duas razões, antes, segundo a mesma, os "resultados teóricos e empíricos indicam que o desenvolvimento do Mercado de Capitais acelera o desenvolvimento econômico" e, depois, ainda de acordo com ela, "a crescente competição nos mercados de produtos e serviços cria a urgência de mecanismos que viabilizem às empresas nacionais captar recursos a custos que lhes permitam competir com concorrentes de outros países que tem acesso a fontes mais baratas de capitais". Neste panorama, pois, em conformidade com A. Gledson de Carvalho,[217] "uma das questões mais importantes é a maior proteção a investidores minoritá-

---

[216] Carvalho, A. Gledson de. *Revista de Direito Bancário, do Mercado de Capitais e da Arbitragem*, ano 4, nº 13, julho-setembro de 2001, Revista dos Tribunais, p. 254.
[217] Carvalho, A. Gledson de, *op. cit.*, *loc. cit.*

rios" porque "estudos recentes mostram que os países com leis que protegem os minoritários têm as seguintes vantagens: possuem mercados acionários maiores; apresentam menor grau de concentração da propriedade das empresas abertas; suas empresas captam mais recursos no mercado acionário; e apresentam maior número de Companhias Abertas". Para ele, e para os que se debruçam sobre o tema, "isso mostra que o desenvolvimento do mercado de capitais passa pelo aumento da proteção e dos direitos garantidos a investidores minoritários, ou seja, a melhoria dos mecanismos de governança das empresas abertas".[218]

Com efeito, como foi desenvolvido neste capítulo, uma vez que o meio demanda por produção e consumo, até aos fins de, com dinamismo do processo econômico instaurar-se um "círculo virtuoso" e aumentar a empregabilidade, e já que isto se efetua no Mercado, por *players* privados que careceriam de recursos, estes adquiriam dos poupadores que se sentissem atraídos e seguros, os daqui e os de fora, tanto pela rede de proteção que o Sistema dos Direitos Essenciais, reconhecido por lei e resguardado pela cogência das decisões judiciais, estabelecesse como pela prática de métodos administrativos que, respeitada a governabilidade, trouxesse emulação suficiente.

---

[218] Carvalho, A. Gledson de, *op. cit., loc. cit.*

Direitos Essenciais dos Acionistas

Conclusão

Do exposto, conclui-se que há, nas Sociedades Anônimas, estas duas grandes questões: a tensão interna entre o bloco de controle e os demais acionistas, ditos minoritários, ainda que com Direito de Voto, seria a primeira, e a inserção da mesma no Mercado, a segunda, vale dizer, antes haveria a necessidade de encontrar-se o ponto ótimo que conciliasse a possibilidade de uma administração ágil e eficiente, idônea para responder aos desafios que a dinâmica econômica propõe e que se agudiza numa economia sujeita às crises de ciclotimia, com o respeito aos direitos dos acionistas, havidos como verdadeiros sócios e partícipes, e não apenas como meros aportadores de capitais. Depois, vê-las como mecanismos de produção e distribuição de riquezas, aptas ao recebimento das poupanças privadas e atuantes como agentes econômicos, adimplentes em relação à sua função social.

Então, uma vez que o ordenamento jurídico traça as bitolas que limitam o território em que as Companhias se movem e dispõe sobre suas relações internas e externas, e desde que, muitas vezes, flagram-se neste ordenamento disposições que se afigurariam, numa perspectiva finalística, antinômicas[219] impenderia se discernissem critérios jurídicos para a solução das mesmas.

---

[219] A Lei nº 6.404, arts. 136 e 137, cuida do Direito de Retirada e assegura ao acionista dissidente, desde que observados os prazos e obedecido o procedimento, pretensão ao afastamento da Sociedade com o reembolso, que, segundo o art. 45, corresponderá ao valor de suas ações, apurado este em consonância com o Patrimônio Líquido ou com o Valor Econômico da empresa, devidamente avaliado, como examinado no cap., e enseja, a Lei, que,

Direitos Essenciais dos Acionistas

É, pois, de mister estabelecer que os mesmos só podem repousar sobre uma interpretação sistemática, até para que não seja esquecida a advertência de Norberto Bobbio de que "um problema mal resolvido no plano da norma singular encontra solução mais satisfatória no plano do ordenamento",[220] pois "interpretar uma norma é interpretar o sistema inteiro", resume Juarez Freitas.[221]

Ou seja, o Direito se exterioriza através de regras, mas estas escritas ou não, não são isoladas e se agrupam como conjuntos ou "sistemas". Jean Dabin, jusnaturalista, Hans Kelsen, normativista, e E. B. Pasukanis, marxista, e que representariam um arco, têm um *approach* assemelhado, dizendo o primeiro que "es indudable que el derecho se presenta como una cierta regla de conducta",[222] afirmando o segundo que "o Direito é uma ordem de conduta humana".[223] E arrematando o último ao asseverar que "o objetivo prático da mediação jurídica é o de dar garantias à marcha, mais ou menos livre, com a produção, ou da reprodução social que, na Sociedade de Produção Mercantil, se operam formalmente através de vários contratos jurídicos privados" e que "não se pode atingir este objetivo buscando unicamente o auxilio de formas de consciência: é necessário, então, recorrer a critérios precisos, a Leis".[224]

Mas tal conjunto de regras não é produzido, desvelado ou, principalmente, interpretado de forma caótica.

---

na primeira hipótese, se postule o pagamento imediato (Lei nº 6.404, art. 45, § 2º). E isto, na Lei nº 6.404, só e relativizado se e quando houver Falência, para fins de restituição daquilo que foi reembolsado, contudo, ainda que o reembolso se faça à conta de lucros ou reservas, poderia haver a descapitalização da empresa e sua inviabilização.

[220] Bobbio, Norberto. *Teoria do Ordenamento Jurídico*, 4ª ed. EDUNB, 1994, p. 29.

[221] Freitas, Juarez. *A Interpretação Sistemática do Direito*, São Paulo, Malheiros, 1995, p. 47.

[222] Dabin, Juan. *Teoria General del Derecho*, Tradução de Francisco Javier Osset. Editorial Revista de Derecho Privado. Madrid, 1955, p. 13.

[223] Kelsen, Hans. *Teoria Pura ao Direito*, Tradução João Baptista Machado. São Paulo, Martins Fontes, 1997, p. 33.

[224] Pasukanis, E. B. *A Teoria Geral do Direito e o Marxismo*, Tradução de Paulo Bessa, Rio de Janeiro, Renovar, 1989, p. 8-9.

Ao contrário, mostram-se elas, as regras, ordenadas, e apresenta-se ele, o conjunto, organizado, eliminando-se desta forma, as antinomias, pois, como ensina Bobbio, "as normas de um ordenamento têm um certo relacionamento entre si, e esse relacionamento é o relacionamento de compatibilidade, que implica a exclusão da incompatibilidade".[225]

Isto encaminha a idéia, aliás principal ambição do trabalho, de que apenas através de uma interpretação sistemática conseguir-se-á uma melhor solução para adequação das posições, a dos acionistas na empresa e aquela da Companhia, como Sociedade Empresária, agente econômico, no processo econômico, captando recursos, de um lado, e, de outro, obtendo resultados sem descuramento dos deveres sociais.

Aliás, tais aspectos, inocultavelmente, compreendem questões axiológicas, ou seja, integram e compõem o que se possa ter por Sistema Jurídico, conforme Claus-Wilhelm Canaris,[226] e este é "a rede axiológica e hierarquizada de princípios gerais e tópicos, de normas e de valores jurídicos cuja função é a de, evitando ou superando antinomias, dar cumprimento aos princípios e objetivos fundamentais do Estado Democrático de Direito, assim com se encontram consubstanciados, expressa ou implicitamente, na Constituição", segundo Juarez Freitas.[227]

Não se pode olvidar que, ainda que haja quem propugne pela idéia de auto-referência do sistema, como Gunther Teubner,[228] ou de "auto-clausura", na verdade, e nem Teubner o nega,[229] a perspectiva é a da

---

[225] Bobbio, Norberto. *op. cit.*, p. 71.

[226] Canaris, Claus-Wilhelm. *Pensamento Sistemático e Conceito do Sistema na Ciência do Direito*, tradução de Antonio Menezes Cordeiro, 2ª ed. Fundação Calouste Gulbekian, Lisboa, Portugal, 1996, p. 66 e ss.

[227] Freitas, Juarez, *op. cit.*, p. 40.

[228] Teubner, Gunther. *O Direito como Sistema Autopoiético*, tradução de Jose Engrália Antunes, Lisboa, Portugal, Fundação Calouste Gulbekiam, 1993, p. 27 e ss.

[229] Teubner, Gunther, *op. cit.*, p. 29 e ss.

Direitos Essenciais dos Acionistas

visão de Canaris, ao assinalar[230] que caracterizariam o Sistema Jurídico a "mobilidade" e a "abertura", e que Bobbio[231] chama de *incompletude*, o que o torna permeável à dinamicidade dos processos de desenvolvimento, assumindo princípios e valores novos. Por isso, fica consignado que, o sistema é aberto, "o que permite reconhecer, mais enfaticamente, o fenômeno histórico da positivação dos direitos tidos como fundamentais".[232]

Portanto, já que o direito é uma "rede axiológica e hierarquizada de valores", como posto acima, estabelecendo-se assim uma referibilidade a estes, acrescendo-se que sua interpretação ocorrerá de forma sistemática, é de acentuar-se que, deles, o mais destacado é a Justiça, dando-se a cada um o que é seu como já dizia Ulpiano.

Também é obrigatório buscar-se apresentar, mesmo que na forma mais breve, como se caracterizaria a Justiça, no mínimo para fins operacionais. Kelsen, no caso insuspeito, já advertia que a "Justiça é uma exigência da Moral" e que "na relação entre Moral e o Direito está contida a relação entre a Justiça e o Direito",[233] embora ele não busque a legitimação do Direito pela referência à Justiça em sua obra. De qualquer modo, a admoestação já sinaliza que o Direito, indexado à Justiça, não pode ser imoral ou amoral. Assim, ter-se-ia a idéia *Rawlsiana*, admitido que apenas para efeitos funcionalizantes, mas percebido que isto resistiria a uma análise "Popperiana", isto é, rechaçaria o crivo da *falseabilidade*.

No particular, ainda que a *vol d'oiseau*, merece ser consignado que uma gama de autores tem afirmado a referência da Justiça à Moral, como Marcel Niquet e Carlos Roberto Cirne-Lima.[234]

---

[230] Canaris, Claus-Wilhelm. *Pensamento Sistemático e Conceito do Sistema na Ciência do Direito*, 2ª ed., tradução de Antonio Menezes Cordeiro, Fundação Calouste Gulbekian, Lisboa, Portugal, 1996, p. 103 e ss.

[231] Bobbio, Norberto. *Teoria do Ordenamento Jurídico*, 4ª ed. EDUNB, 1994, p. 139.

[232] Freitas, Juarez, *op. cit.*, 1995, p. 43.

[233] Kelsen, Hans, *op. cit.*, p. 67.

[234] Niquet, Marcel. *Teoria Realista da Moral*, trad. F. José Herrero Botin e Nélio Schneider, Unisinos, 2002, p. 130, que, lastreado em Habermas, diz que "o direito é - como instrumento da compensação das insuficiências e também

De fato, não é difícil aceitar-se a afirmação de que "a justiça é a primeira virtude das instituições sociais, como a verdade o é dos sistemas de pensamento", como põe John Rawls,[235] com o que Karl Popper concordaria,[236] arrematando que o "conhecimento é a busca da verdade". John Rawls[237] formulou dois princípios que merecem ser reproduzidos então:

> "Primeiro: cada pessoa deve ter um direito igual ao mais abrangente sistema de liberdades básicas iguais que seja compatível com um sistema semelhante de liberdades para as outras;
> Segundo: as desigualdades sociais e econômicas devem ser ordenadas de tal modo que sejam ao mesmo tempo (a) consideradas como vantagens para todos dentro dos limites do razoável, e (b) vinculadas a posições e cargos acessíveis a todos."

Há a questão da(s) desigualdade(s), também presentes.

Norberto Bobbio já ensinava que "as desigualdades naturais existem e se algumas delas podem ser corrigidas, a maior parte não pode ser eliminada" e que "as desigualdades sociais também existem e se algumas delas podem ser corrigidas e mesmo eliminadas, muitas – sobretudo aquelas pelas quais os próprios indivíduos são responsáveis – podem apenas ser desencorajadas".[238] Robert Alexy, do mesmo modo, não deixou escapar a questão, e, para o que aqui importa, conside-

---

como instrumento da desoneração dos sujeitos da ação de modos de agir orientados estratégico-moralmente – ele próprio instrumento ou meio da parte 'B' de uma ética do discurso e ...*omissis*... a forma possível de sua justificação teórico-moral". Aliás, Carlos Roberto Cirne-Lima, *Dialética para Principiantes*, Editora Unisinos, 2002, p. 188, lembrando também, entre outros, o mesmo Habermas, alude a "filiação" a Fant, as raízes "Kantianas".

[235] Rawls, John. *Uma Teoria da Justiça*, Tradução de Almiro Pisetta e Lenita M. R. Esteves, São Paulo, Martins Fontes, 1997, p. 3.

[236] Popper, Karl. *Em Busca de um Mundo Melhor*, 2ª ed., Tradução de Teresa Curvello, Lisboa, Editorial Fragmentos, 1989, p. 18.

[237] Rawls, John, *op. cit.*, p. 64.

[238] Bobbio, Norberto. *Direita e Esquerda, Razões e Significados de uma Distinção Política*, 2ª ed. São Paulo, Editora UNESP, 2001, p. 118.

Direitos Essenciais dos Acionistas

rou, à semelhança de Rawls, que assim como há os Direitos de Liberdade(s), há um Direito Geral de Igualdade e que "Si no hay ninguna razon suficiente para la permision de um tratamiento desigual entonces está ordenado um tratamiento igual". Porém, atento à máxima relativa a tratar-se de modo igual aos iguais e desigualmente aos desiguais, especificou que "si hay una razon suficiente para ordenar um tratamiento desigual, entonces está ordenado um tratamiento desigual" e cuidou de referir que se exigiria, aí, uma fundamentação.[239]

Ou seja, vedar-se-ia a desigualdade fundada no arbítrio, como exposto por Canotilho.[240] Mas a(s) desigualdade(s) existe(m).

Assim, como a Moral e a Justiça se correlacionam e vinculam o Direito, de um lado, e, de outro, contemplam-se situações em que estão presentes desigualdades, as regras jurídicas devem ser interpretadas.

Então o Direito é vinculado à Justiça, e suas regras devem ser interpretadas segundo uma metodologia.

Juarez Freitas,[241] antes, se debruçou sobre a questão da interpretação do Direito e ao fazê-lo expressou que a forma mais idônea de realizá-la, aos efeitos de integrá-lo em afinidade com seus "mais altos princípios, normas e valores",[242] seria a sistemática, uma vez que esta impediria uma desvirtuação personalista e radicaria numa "escolha axiológica fundamentada e não-arbitrária"[243] [244] De-

---

[239] Alexy, Robert. *Teoria de Los Dereches Fundamentales*, trad. Ernesto Garzón Valdés, Madrid, Centro de Estudios Constitucionales, 1997, p. 396 e ss.

[240] Canotilho, J.J. Gomes. *Direito Constitucional e Teoria da Constituição*. Lisboa, Almeida, 1997, p. 390.

[241] Freitas, Juarez, *op. cit.*, p. 91.

[242] Freitas, Juarez, *op. cit.*, p. 17.

[243] Freitas, Juarez, *op. cit.*, p. 18.

[244] Müller, Sérgio. *Julgados do Tribunal de Alçada do Rio Grande Do Sul*, n. 78, p. 328, julho de 1991, Apel. Cível nº 191047881: "mas uma coisa é a interpretação ... *omissis*... sendo outra a recusa da aplicação" pois "a completude é uma exigência da Justiça" (Hoje se diria "completabilidade"). De outra feita, disse-se que "trata-se, o ordenamento, de um sistema imbricado" pois "a realidade econômica não se movimenta solta (o debate Mercado *versus* Intervenção Estatal ocorre no plano quantitativo)" *in Direito Empresarial*, coordenação de Jose Francelino de Araújo, Sagra Luzzatto, 1998, p. 31.

pois, elegeu a construção de Rawls, sobre a idéia de Justiça, porquanto elemento, melhor, valor, que mensuraria a superação das antinomias.[245] Nada obsta que, lembrado que estas observações menos que uma reflexão sobre tal tema tragam apenas um ferramental, siga-se pelo caminho, aliás operacional como ficará adiante obviado.

Feito isto, e reposto que o Sistema Jurídico é aberto[246] e que em cada momento impor-se-ão escolhas que, ante contradições e incompatibilidades, resguardem a universalização do mesmo sistema,[247] mas tomada aquela construção de *Rawls*, em especial o "segundo principio", concluir-se-á que, circunstancialmente, justificar-se-ão as desigualdades de tratamento que a lei e as decisões vem emprestando no caso dos acionistas de Companhia. Isto se explicaria porque não é possível deixar-se de lado a questão da eficiência, como variável econômica.[248]

Assim, como visto, ainda que Modesto Carvalhosa tenha em sua obra criticado, o que já foi salientado antes, a existência de duas categorias principais de

---

[245] Freitas, Juarez, *op. cit.*, p. 92.

[246] Idem, p. 43.

[247] Idem.

[248] A questão da "variável econômica" sugeria um estudo paralelo. De um lado, ter-se-ia a Escola de Chicago, com Richard Posner como principal teórico e que, em Economic Analysis of Law, 3º, critica os operadores do Direito que pensam que as questões econômicas são remotas e menciona que a crítica a *Economic Approach To Law* derivaria da ignorância de que "A second meaning of Justice, perhaps the most common, is efficiency". Além de Posner, há a obra de Ronald Coase sobre os Custos de Transação e que fez ser-lhe outorgado Premio Nobel de Economia. Mas, de outro, ter-se-iam as pesadas críticas de Ronald Dworkin. Este, ainda que referindo que "it is argued, first, that almost every rule developed by judges ... omissis... can be shown to serve the collective goal of making resource allocation more efficient" e que, "second, that in certain cases judges explicitly base their decisions on economic policy", citando Posner, em *Taking Righs Seriously*, 16ª ed. Harvard University Press, Cambridge, Massachussets, 1997, p. 97, pontifica que os "Judges in ordinary civil cases characteristically justify their decisions through what I (Dworkin) called arguments of principle Rather than arguments of policy, and they not only do decide in this way but should" (*op. cit.*, p. 294). O contraponto está posto. Aqui, já se disse antes, p. 21, a questão é de dosagem, de ponderação, e sabido que a ineficiência é desperdício inútil, segundo Mario Henrique Simomsen.

Direitos Essenciais dos Acionistas **139**

acionistas, na Companhia, com diferença de tratamento legal, assegurado o Direito de Voto apenas aos ordinaristas, isto não agrediria o segundo princípio de Justiça, de Rawls, pois apenas refletiria os interesses do subscritor de ações, consoante seu "perfil", sabido que o preferencialista tem por objetivo a participação nos lucros, de acordo com a lei, e, pelo menos de início, não tem interesse em compartilhar da Administração senão nos limites que assegurariam a fiscalização do gerenciamento. Isto para não cogitar do "especulador", tão-só envolvido nas operações de compra e venda diárias (*Day Trade*), realizando lucros/prejuízos no prazo curtíssimo, ao sabor das oscilações do Mercado.

De fato, as desigualdades até se explicariam: são (ou devem ser) vantajosas para todos. Justamente como posto linhas atrás.

O bloco de controle tem a seu encargo, pois e como contraponto ao Direito de Voto e ao Poder, as responsabilidades administrativas, a par daquele de receber dividendos diferenciados (para menos). Em tal caso, é certo, a distinção já radica na lei e esta, seguramente, não só contemplou a desigualdade justa como também teve em conta a questão da eficiência, sistematicamente.

Ficou bastante expresso que a Administração da Companhia, em razão de disposições legais, como explicitado anteriormente, eleita pela maioria acionária, ainda que em razão de Acordos de Acionistas, tem não só as responsabilidades da Lei nº 6.404, art. 158, mas também os deveres dos artigos 153 e 154, em especial, dispondo, em contrapartida, dos poderes "gerenciais", para que o *management* seja ágil.

Exemplo, confirmando a sugestão de que Justiça e Eficiência não se excluem, mas que se conjugam, está no caso da tomada de decisão, assemblear ou pela administração, sobre Concordata ou Autofalência. Convocada a Assembléia Geral prévia para deliberar sobre tais questões, com as publicações antecedentes incluindo a Ordem do Dia, noticiando-se a situação econômica e/ou financeira da Companhia, inviabilizar-se-iam os remédios processuais que poderiam levar à recuperação da empresa. Por isso, a Administração age, e a Assembléia, depois, aprecia.

A perseguição ao equilíbrio sistemático também se ilustraria na circunstância em que acionista dissidente postulasse o recesso com o reembolso diante de oportunidade ensejada. A Companhia, com a obrigação de pagamento ao mesmo, viria talvez a se descapitalizar, do que, até, poderia resultar a inadimplência da mesma ante credores e ante o próprio acionista, conduzindo-a à Falência e reduzindo-o à condição de quirografário em quadro separado e, em tendo havido pagamento a ele, ficaria sujeito à ação revocatória para a restituição do recebido. Diante de tal quadro, o decisor que tivesse que julgar eventual disputa judicial, ou o árbitro eleito, não pode, pena de trazer desvantagens a todos, inclusive o meio social que tem naquela Companhia agente de produção de riquezas, deixar de considerar todos estes aspectos, e a decisão justa seria a que corretamente, e de forma sistemática, consideradas todas as variáveis, obedecidos os princípios, optasse por viabilizar o devido ao acionista sem pôr em risco a vida da Companhia, inclusive, se fosse o caso, posto que não é permitido ao decisor o desconhecimento do *back ground*, não lhe sendo, também estranha a lei, de ofício, na exata observância do Código do Processo Civil, art. 131, "atendendo aos fatos", sentenciar realisticamente. O princípio processual do "livre convencimento" embasaria esta orientação. Tudo, é certo, com a premissa, aqui cabível, de que não tenha havido a reconsideração prevista na Lei nº 6.404, art. 137, § 3º.

Esta Interpretação Sistemática do Direito Societário, percebendo certamente que este é um Sistema, ou, no mínimo, um Microssistema, permeável à historicidade, mas vetorialmente ao menos encaminhado à concretização da Justiça como valor perene, aberto às peculiaridades da vida econômica, faz operar com que a mecânica

Direitos Essenciais dos Acionistas

empresarial se paute, sem esquecimento da eficiência, por padrões éticos condizentes com o meio e em atenção às exigências comunitárias. Com efeito, uma adequada interpretação sistemática, assentada em tais bases, uma vez que o Direito, como ensinam Leisinger e Schmitt, [249] "contribui decisivamente para estabelecer as condições para que numa sociedade a convivência seja o mais possível isenta de conflitos" vem ao encontro da ética empresarial porquanto as empresas (*Rectius*, A Sociedade Empresária, a Companhia, neste caso) são atores morais, comprometidas com os Acionistas (*shareholders*) e obrigadas com fornecedores e clientes, com vizinhos e concorrentes (subgrupos ou, na expressão de Leisinger e Schmitt,[250] *stakeholders*). Logo, se há uma tensão entre o pagamento de dividendos e os investimentos econômicos, sociais e ecológicos, impor-se-ão prioridades e reclamar-se-ão harmonizações, porém, como sempre foi posto neste trabalho, "há uma coisa que não pode ser questionada: prejuízos não podem favorecer nenhum envolvido, nem a curto nem a longo prazo", pois "sem a máxima eficiência possível do emprego de capital, uma empresa não poderá satisfazer nem aos seus próprios interesses de sobrevivência nem as necessidades dos clientes, para não falar de sua responsabilidade social e ecológica", no magistério de Leisinger e Schmitt.[251]

Edificado um Direito Societário que cuide de tais questões, elaborada uma legislação societária com estas preocupações, mas, em especial, articulada uma interpretação que seja sistemática, integrativa, se se afigurarem "dilemas éticos",[252] atender-se-á a antinomia que poderia ser avistada no plano micro com o recurso à busca da definição dos valores mais elevados. Significa que as desigualdades, que neste território chamar-se-iam

---

[249] Leisinger, Klaus M.; Schmitt, Karin, *op. cit.*, p. 46.

[250] Idem, p. 108.

[251] Idem, p. 111: Antes já se referira o reconhecimento de Mário Henrique Simonsen sobre a dureza da visão de Pareto sobre a eficiência e se reproduzira sua observação de que a "ineficiência era (é) desperdício inútil".

[252] Leisinger, Klaus M.; Schmitt, Karin, *op. cit.*, p. 121.

de assimetrias, demandariam soluções correspondentes, ponderações, dosagens. Exatamente como se lê em *A Interpretação Sistemática do Direito* já que se "interpretar é hierarquizar" e "concretizar a máxima justiça possível" prevalecerá o que for havido como "axiologicamente superior" para que a Sociedade Anônima cumpra seus deveres eficientemente, para satisfação daqueles que nela apostaram suas economias, dentro daquelas fronteiras éticas, exigência de um Mercado de Capitais.

Bibliografia

ALEXY, Robert. *Teoria de Los Derechos Fundamentales*. Tradução: Ernesto Garzón Valdés. Madrid: Centro de Estudios Constitucionales, 1997.

AMENDOLARA, Leslie. *Os Direitos dos Acionistas Minoritários*. São Paulo: STB, 1998.

ARNOUD, Andre-Jean. As Transformações do Direito dos Mercados Financeiros. *Revista de Direito Mercantil*. São Paulo: Malheiros, 1991.

ASSIS, Araken de. *Manual do Processo de Execução*. 5. ed., São Paulo: RT, 1998.

BARBI FILHO, Celso. *O Acordo de Acionista*. Belo Horizonte: Del Rey, 1993.

BERLE JR., Adolf A. & MEANS, Gardiner C. *Società per Azioni e Proprietà Privata*. Torino: Giulio Einaudi, 1996.

BOBBIO, Norberto. *Teoria do Ordenamento Jurídico*. 4. ed., Brasília: EDUNB, Editora Universidade de Brasília, 1994.

BOJUNGA, Cláudio. *JK O Artista do Impossível*. Rio de Janeiro: Objetiva, 2001.

BULGARELLI, Waldirio. *Contratos Mercantis*. 12. ed., São Paulo: Atlas, 2000.

———. *Manual de Sociedades Anônimas*. 8. ed., São Paulo: Atlas, 1996.

———. *Regime Jurídico de Proteção às Minorias nas S/A*. Rio de Janeiro: Renovar, 1998.

CAMPOS, Gustavo Leoplodo Caserta Maryssael e outros. *Comentários à Lei das Sociedades por Ações*. Geraldo Camargo Vidigal e Ives Gandra da Silva Martins, (coord.) São Paulo: Forense Universitária, 1999.

CANARIS, Claus-Wilhelm. *Pensanento Sistemático e Conceito de Sistema na Ciência do Direito*. Tradução de Antonio Menezes Cordeiro. 2. ed., Lisboa, Portugal: Fundação Calouste Gulbenkian, 1996.

CANOTILHO, J. J. Gomes. *Direito Constitucional e Teoria da Constituição*. Lisboa: Almedina, 1997.

Direitos Essenciais dos Acionistas

CARVALHO, A. Gledson de. *Revista de Direito Bancário, do Mercado, de Capitais e da Arbitragem.* Ano 4, nº 13. São Paulo: Revista dos Tribunais, julho-setembro 2001.

CARVALHO DE MENDONÇA, J. X. *Tratado de Direito Comercial Brasileiro,* atualizado por Ricardo Negrão, Campinas, São Paulo: Bookseller, 2000.

CARVALHOSA, Modesto. *Comentários à Lei das Sociedades Anônimas.* São Paulo: Saraiva, 1997, 1. V.

——. *Comentários à Lei das Sociedades Anônimas.* São Paulo: Saraiva, 1997, V. III.

CIRNE-LIMA, Carlos Roberto. *Dialética para Principiantes.* São Leopoldo: Unisinos, 2002.

COELHO, Fábio Ulhoa. *Código Comercial e Legislação Complementar Anotados.* 4. ed., São Paulo: Saraiva, 2000.

——. *Curso de Direito Comercial.* 9. ed., São Paulo: Saraiva, 1997.

——. *Curso de Direito Comercial.* São Paulo: Saraiva, 1998, II.

COMPARATO, Fábio Konder. *O Poder de Controle na Sociedade Anônima.* São Paulo: Revista dos Tribunais, 1976.

CORREA LIMA, Osmar Brina. *Sociedade Anônima.* Belo Horizonte: Del Rey, 1995, V. 2.

DABIN, Jean. *Teoria General Del Derecho.* Tradução de Francisco Javier Osset. Madrid: Revista de Derecho Privado, 1995.

EIZIRIK, Nelson. *Sociedades Anônimas: Jurisprudência.* Rio de Janeiro: Renovar, 1996.

FARIA, José Eduardo. *O Direito na Economia Globalizada.* São Paulo: Malheiros Editores, 1999.

FAZZIO JÚNIOR, Waldo. *Manual de Direito Comercial.* São Paulo: Atlas, 2000.

FERREIRA, Waldemar Martins. *Instituições de Direito Comercial.* 4. ed., São Paulo: Max Limonad, 1954, V. 1.

——. *Tratado de Direito Comercial.* São Paulo: Saraiva, 1961, 4. V.

FREITAS, Juarez. *A Interpretação Sistemática do Direito.* São Paulo: Malheiros Editores, 1995.

FRONTINI, Paulo Salvador. Sociedade Anônima: A Questão do Voto Múltiplo. *Revista de Direito Mercantil.* São Paulo: Malheiros.

HALPERIN, Isaac. *Curso de Derecho Comercial.* 3. ed., Buenos Aires: Ediciones de Palma, 1995.

HAMILTON, Robert W. *Corporations.* 4.ed., United States: West Publishing CO, 1997.

——. *The Law of Corporation in a Nutshell.* 5. ed., United States: West Group, 2000.

HENN, Harry G. & ALEXANDER, John R. *Laws of Corporations, Hornbook Series Student Edition*, 3. ed.,United States of America: West Group,1983.

KELSEN, Haks. *Teoria Pura do direito*. Tradução João Baptista Machado. São Paulo: Martins Fontes, 1997.

KRUGMAN, Paul. *Internacionalismo Pop*. São Paulo: Campus, 1997.

LAMEIRA, Valdir de Jesus. *A Estrutura de Capital das Sociedades Anônimas*. Rio de Janeiro: Forense Universitária, 2001.

———. *Governança Corporativa*. Rio de Janeiro: Forense Universitária, 2001.

LAMY FILHO, Alfredo & PEREIRA, José Luiz Bulhões. *A Lei das S.A.* 3. ed., Rio de Janeiro: Renovar, 1997, V. I.

LEISINGER, Klaus M. & SCHMITT, Karin. *Ética Empresarial. Responsabilidade global e gerenciamento moderno*. Tradução de Carlos Almeida Pereira. Rio de Janeiro: Vozes, 2001.

LORENZETI, Ricardo Luiz. *Fundamentos de Direito Privado*. São Paulo: Revista dos Tribunais, 1998.

MACEDO, Ricardo Ferreira de. *Revista do Direito Mercantil, Industrial, Econômico e Financeiro*. São Paulo: Malheiros, outubro - dezembro 2000.

MÜLLER, Sergio José Dulac. *Direito Empresarial*. Coordenação de José Francelino de Araújo. Porto Alegre: Sagra Luzzato, 1998.

MIRANDA, Edson Antônio de. *Execução Específica do Acordo de Acionistas*. São Paulo: Juarez Oliveira, 2000.

MIRANDA JÚNIOR, Darcy Arruda. *Dicionário Jurisprudencial da Sociedade por Ações*. São Paulo: Saraiva, 1990.

NEGRÃO, Ricardo. *Manual de Direito Comercial*. Campinas: Bookseller, 1999.

NIQUET, Marcel. *Teoria Realista da Moral*. Tradução: F. José Herrero Botin São Leopoldo: Unisinos, 2002.

OLIVEIRA, Miguel Delmar de. *Introdução ao Mercado de Ações*. Rio de Janeiro: Comissão Nacional de Bolsas de Valores, 1984.

PAPINI, Roberto. *Sociedades Anônimas e Mercado de Valores Mobiliários*. 3. ed., Rio de Janeiro: Forense, 1995.

PASUKANIS, E. B. *A Teoria Geral do Direito e o Marxismo*. Tradução de Paulo Bessa. Rio de Janeiro: Renovar, 1989.

PINHEIRO, Juliano Lima. *Mercado de Capitais, Fundamentos e Técnicas*. São Paulo: Atlas, 2001.

PINTO FURTADO, Jorge Henrique. *Curso de Direito das Sociedades Comerciais*. 4. ed., Portugal: Almedina, 2001.

PONT, Manuel Broseta. *Manual de Derecho Mercantil*. 10. ed., Madrid: Tecnos, 1994.

Direitos Essenciais dos Acionistas

PONTES DE MIRANDA. *Comentários ao Código do Processo Civil*. Rio de Janeiro: Forense, 1973.

POSNER, Richard. *Economic Analysis of Law*. 5. ed., United States: Aspen Law and Business, 1998.

RATNER, David L. *Securities Regulation in a Nutshell*. 6. ed., United States: West Group, 1998.

RAWLS, John. *Uma Teoria da Justiça*. São Paulo: Martins Fontes, 1997.

REQUIÃO, Rubens. *Curso de Direito Comercial*. 21. ed., São Paulo: Saraiva, 1998.

———. *Curso de Direito Comercial*. São Paulo: Saraiva, 1998. Tomo II.

———. *Curso de Direito Comercial*. São Paulo: Saraiva, 1997.

RODIERE, René. *Droit Commercial, Groupementes Commerciaux*. 9. ed. Paris: Dalloz, 1977.

SAMUELSON, Paul Anthony. *Economia*. 14. ed., Alfragide, Portugal: Mac Graw Hill, 1993.

SIMONSEN, Mario Henrique. *Ensaios Analíticos*. Rio de Janeiro: Fundação Getúlio Vargas, 1994.

———. *O Melhor de Simonsen*: Revista Exame. Edição Especial, São Paulo: Abril, 1997.

SITARZ, Daniel. *Corporations, Laws the United States*. United States: Nova Publishing Company, 1999.

SOROS, George. *A Alquimia das Finanças*. Rio de Janeiro: Nova Fronteira, 1994.

TAVARES BORBA, José Edwaldo. *Direito Societário*. 5. ed., Rio de Janeiro: Renovar, 1999.

O maior acervo de livros jurídicos nacionais e importados

Rua Riachuelo 1338
Fone/fax: **0800-51-7522**
90010-273 Porto Alegre RS
E-mail: livraria@doadvogado.com.br
Internet: www.doadvogado.com.br

Entre para o nosso *mailing-list*

e mantenha-se atualizado com as novidades editoriais na área jurídica

Remetendo o cupom abaixo pelo correio ou fax, periodicamente lhe será enviado gratuitamente material de divulgação das publicações jurídicas mais recentes.

✂--

✓ Sim, quero receber, sem ônus, material promocional das NOVIDADES E REEDIÇÕES na área jurídica.

Nome: _____

End.: _____

CEP: _____-_____ Cidade _____ UF:____

Fone/Fax: _____ Ramo do Direito em que atua: _____

Para receber pela Internet, informe seu **E-mail**: _____

_____
assinatura

251-6

Visite nosso
site

www.doadvogado.com.br

ou ligue grátis
0800-51-7522

DR-RS
Centro de Triagem
ISR 247/81

CARTÃO RESPOSTA
NÃO É NECESSÁRIO SELAR

O SELO SERÁ PAGO POR

LIVRARIA DO ADVOGADO LTDA.

90012-999   Porto Alegre   RS